Vision

一些人物，
一些視野，
一些觀點，
與一個全新的遠景！

道德

幸福的必要條件

林火旺

【推薦序】

結黨營公

王玲惠（前台灣省議員、現任台灣省教育會總幹事）

結識火旺教授起緣於民國八十六年一個研習活動，活動進行中發生白冰冰女士痛失愛女，白曉燕慘遭毫無人道的撕票殺害棄屍案。台灣治安亮起大紅燈，百姓走上街頭，政治領導人因此下台，但往後的台灣治安並未因此轉劣為安，雖然我們知道平安是回家唯一的路，雖然我們深耕兒童美德教育（火旺教授曾為白曉燕基金會《讓MQ high起來》一書作序），但敗壞的政風，急功好利的大環境，讓人們忽略道德的重要性，因此在追求幸福人生的道路上總是我怨你做得不夠好，你怨我付出得不夠多。

民國九十年，台灣面臨有史以來的第一次政黨輪替，那年的縣市長選舉，藍軍面臨空前的困難，尤其是台北縣，在蘇貞昌縣長尋求連任的優勢下，藍軍依自訂遊戲規則推出公認的好人，前財政部長王建煊先生參與競選，古道熱腸的火旺教授及時伸出溫暖援手，極力呼朋引伴拔刀相助，他的說法是——我們要結黨營公，讓有能力有操守的人替國家社會做事，才是百姓之福。此後，在追求幸福的人生道路上我們的朋友愈來愈多，友誼也愈來愈深刻，希望能夠奉獻己力讓社會更光明、更幸福。

九十五年十月，紅衫軍如火如荼地走上街頭，要貪瀆總統下台，火旺教授埋首著書，他是一位超級認真的專業教授，更是堅持正義理想的社會工作者與道德教育播種者，看到他對教育的貢獻與對社會付出的耐心與愛心，在相處中常被他的真性情所感動。深入淺出的說出大道理是他的專長，因此，教書之餘，他常要被我騷擾邀請到台灣各縣市對專業教師演講，只要不影響教學，他從不拒絕，因為道德教育要深耕，做得越細膩越精緻，稻穗就結得越精實。

結束擔任民意代表的日子後，我花了很長一段時間從事婦女協助與教育輔助的工作，接觸相當多的婦女與各級教育工作者，在頻繁且深入的互動中，深刻地感受到社會價值混亂、是非善惡不明、法律不被遵守、司法不被信任的憂心。尤其是教育改革改的種種變革，加重了一般青少年學生及家長的負擔，以及對未來的不確定感；大眾傳播媒體對正面價值與觀念的干擾，政治人物與政治事件的紛擾不安所造成的負面示範，衝擊了傳統美好的道德與規範；經濟的停滯與生活痛苦指數的急遽升高，也讓一般普羅大眾，深覺追求幸福似乎遙不可及，且感受到前所未有的失望與悲哀。

《道德——幸福的必要條件》一書，細讀品味之後，深深感動於他對理想的堅持與實踐，及捨我其誰的勇氣與豪情，真是「士不可不弘毅，任重而道遠」的哲學實踐者。火旺教授苦心孤詣反覆闡明的真義，與其說是深奧哲學思維的普及與推廣，不如說是道德(美德)教育的深化與自省，要在讀者心中播下善良與幸福的種子，並期待在春風化雨之下發芽、茁壯，成為最美麗的心靈花園。

這本書用最深入淺出的方式，闡釋康德哲學，介紹盧梭、柏拉圖的思維，甚或霍布士、奧古斯丁的道德哲理，並以凡人對於金錢邊際效用遞減的感受，認為感恩分享才是幸福的泉源，以及許多在發生日常身邊的小故事，讓讀者分享其思想的內涵與對美德教育刻不容緩的深沉反省。

現代人比較缺乏對神聖價值虔誠的崇敬心理，也欠缺對人對己的責任感與榮譽心，對此常深覺憂心，但看完了火旺教授的此一著作後，熱切地希望能將這本書推薦給更多朋友，期盼對她(他)們的處世與接物有所助益。我相信，我們這個社會仍有很多很多像本書作者一樣對這個世界充滿熱情與期待，並願為道德推廣教育奉獻付出的熱心人，所以，深切企盼本書暢銷，讓每一個人都能成為美德教育推廣的園丁，期待道德花園百花齊放，芳香滿園的日子早日到來。

【推薦序】

台灣道德病理總檢查

南方朔（文化評論家）

此刻的台灣，大概已不再有人否認，我們整個國家都病了，而且病得不輕。

我們的政治，一波波貪腐的醜聞連續劇，無休無止，似乎看不到盡頭。而毫無羞恥心的鬼扯硬拗，則更是讓人嘆為觀止。以前台灣人總以自由民主自豪，現在若講到「台灣式的民主」，則儼然成為新的髒字眼。至於我們的經濟，「歐洲商會」二〇〇五年還說：「台灣有喪失競爭力的危險」。二〇〇六年已開始用白話文說：「台灣已經喪失競爭力」。而相對於競爭力排名下降的消息，則是一個個大公司都紛紛鬧出各種政商勾結的醜聞。至於我們的社會景象，則是犯罪率和自殺率持續上升。而功利性的瘦身美容、吃喝玩樂、追逐名牌等卻又成為另一種帶有畸形風格的流行。所有這些負面的情況，顯示出此刻的台灣，其實早已經走到了大崩壞的路上。

而就在這樣的時刻，台大哲學系教授林火旺及時的推出了《道德——幸福的必要條件》一書。這是第一本以台灣本地的政經社會及人的問題為舉證材料的道德哲學著作，也可以說是對台灣道德病理所做的總檢查。這部重要的著作，非常清楚的告訴了我們，台灣之病是病在道德，如果我們社會不能對當今的崩壞，以「回到根本」(Back to basic)的態度去作道德上的重新思考，則不僅亂象與施政的國家處境難解，甚至台灣人的幸福人生也終將成為不可能。因此，林火旺的這本著作，其實也可說是台灣道德重建的總題綱，不但我們各行各業的菁英必須閱讀，對每個功名尤其具有啟發性。

其實，道德問題從來就是人的問題之根本。以歐美為例，道德的思考也一向是所有思考的核心。歐美的大學預科及大學通識教育裡，道德推理(Moral Reasoning)皆為核心課程及主要的學習目標。道德並非我們社會許多人一知半解所誤認的「教化」，而是人要成為一個人，社會要成為社會，甚至自由民主得以落實的根本前提。這也是西方哲學系統裡，道德論與知識論、形上學、邏輯學並列，為四大分支之一，而且經常還貫穿其他三個領域的主因。

但非常可惜的，乃是在我們的社會裡，縱使許多菁英分子都有留學歐美的經驗，但因為大家都是在台灣完成大學或碩士課程而去作專業的進修，他們只參與到歐美的專業教育這一塊，對別人基礎的那一塊則相當懵然。這也使得我們的大學及大學之前的教育裡，仍然把道德視為一種教化，視為現代的孔家店。當這種一知半解的自以為是變成了積非成是，則不但我們的教育達不到全人（Universal Man）的目標，甚至於連道德的最低限度的要求也一併被顛覆。由於我們缺乏了「道德推理」的訓練，因此我們看問題遂一向只看表面，只看技術。我們讀法律的，對具有高度道德內涵的法律哲學缺乏興趣，於是法律教育遂難免淪為訟棍教育；我們讀財經的，對職場倫理和企業倫理完全無所措意，一堆科系都儼然成了各式各樣的賺錢系和理財系。我們的醫學系對醫學倫理學只聊備一格，也才造成整個醫療體系和醫事人員在制度與人的體質上問題叢生。

而真正的道德教育可不是這樣的。它是生命意義的探索，人的語言和行為邊界的開創的關鍵學問。它是一種系統性的人文思考。諸如積極的個人主義，現在文明的定義，自由民主的前提等所以涉及價值的問題，都是道德哲學和應用道德哲學的範圍。也只有透過道德思維和批判，人們才可能有意識的去做出最適的選擇。

而林火旺教授正是台灣社會談論到哲學問題的不二人選。他受過西方嚴格的道德哲學分析訓練，因此他談起道德問題全無教化的意味，而是透過觀念與價值的解析，將什麼是對，什麼是錯；何者為宜，何者不宜，做出了清晰的判斷。

這部重要的著作，由個人行為、職業道德、道德教育，一直談到自由民主的道德自覺等，由於涵蓋面極廣，在此無法一一細論，而只能就其總體加以歸納。我認為此書之所以重要，乃是：

一、道德絕非訓示教化之學，而是一種推理論證。這點我們社會長期以來都在人云亦云中懵然無知。而這部著作是以嚴格道德哲學的方法，探討我們社會道德問題的第一本著作。單單這點，其先驅貢獻就已巨大無比。

二、近年來台灣社會「本土論」當道，但學術的「本土化」卻鮮有進展。「本土」不是研究原住民的儀式與神話，也不只是研究本土固有的物種或狹義的歷史經驗，真正高階的學術本土化，應該是用普世的標準和方法論來探討我們的問題和願景。蓋只有如此，我們的經驗不但會有清楚的參考架構，也對其他社會有可參証的意義。在這個意義上，這部著作可說是第一本本土性的道德哲學著作。

三、近年來台灣由於媒體發達，政客發達，各種似是而非的說詞大盛。諸如「只要不違法，有什麼不可以」、「薪水減半的人不會貪污」、「道德只是教化」等皆屬之；另外則是許多糾纏不清的讕言口號充斥，甚至「愛台灣」、「容忍」、「少數服從多數」、「多元民主」屬之。許多都被扭曲著使用當成了政治工具。本書在分析敘述時，都能及時的將它釐清。思想的不嚴格乃是社會與政治敗壞，以及雙重標準氾濫的原因。本書的嚴格但卻輕鬆可讀，娓娓道來的講道理方式，有其不容低估的貢獻。

據我所知，近代西方由於時代變遷，價值重建，道德及倫理學的地位日益提高。美國的企業界從最高的大老闆組織「企業圓桌會議」到大公司的員工訓練，有關企業倫理的課程或演講，都是重頭戲。各著名大學的倫理及道德哲學教授也都一個個成了超級大忙人。這種趨勢有個術語，叫做「回到根本」。而就在我寫這篇介紹序文時，美國正好期中選舉，共和黨大敗。而就在這段期間，美國也出現了大量從道德觀點批判共和黨的著作。共和黨大敗，乃是敗在它的道德淪喪。當一個政黨只懂得利用人民的恐懼感來挑釁分化，圖利於自己；並藉此合理化自己的說謊、欺騙，甚至貪腐，它當然會遭到選民的唾棄。

因此，人間最重要的是道德，道德才是生存意義、社會進步，以及確保幸福的屏障。在這個「重回根本」的時刻，要超越當今的大崩壞，我們又怎能再對道德問題掉以輕心呢？

是為鄭重推薦。

【推薦序】

許孩子一個幸福的台灣

徐莉玲（學學文創志業董事長）

火旺、錦華兄嫂是我與夫婿打心底敬重與喜愛的朋友。他們一位是台大哲學系教授，一位是台大新聞研究所教授，一生以教育為職志，為台灣的下一代奉獻。我常說台灣社會多一點像火旺兄嫂這樣清風傲骨的人格者，台灣將有不同的文化風貌。火旺兄向我邀稿寫序的此刻，我正面臨台灣社會媒體歪風的嚴格挑戰，我想這也是一個機會，讓我可以用這個實例，像火旺兄書裏許多事件一樣，證明台灣迫切需要鼓勵大家閱讀火旺兄的這本提倡「道德」的書。

學學文創志業集合了四百位有心回饋社會的文化創意產業精英，合力為台灣的下一代打造一個文化創意產業的學習平台，數月前已獲得市府核發合法進駐內湖科技園區的管理顧問及研究發展服務業使用執照。但某媒體，為了報紙的銷路，枉顧職業道德，記者隱藏已知合法的事實，在學學上網報名前一周，以聳動、誤導的標題，刊登曲解及負面的大幅報導，第二天再刊登真實正面的小幅報導，這種惡質炒作新聞的手法，到底台灣還要胃納多久？我面對學學內部上百位為了理想參加文創教育行列——他們都是二、三十歲的年輕同仁，看到大家辛苦一年來籌備的心血被抹黑打擊，社會到底給這群年輕人上了一堂什麼樣的課？台灣真正面臨需要道德重整的時刻了，到底是個人缺少職業道德創造了不道德的企業文化？或是企業缺少職業道德鼓勵了不道德的個人？這樣的惡性循環又缺乏法律約束的媒體環境將培養出什麼樣的國民，我深深地為台灣的前途憂心。

我們的社會裏充滿了矛盾與失望，藍綠橘紫的政客為了選票不斷地撕裂人民互信互愛的情感，產業間不擇手段的競爭打壓，少有團結合作的典範，台灣的文化要從哪一個層面救起？文化包括了一個國家的政治、經濟、科技、軍事、社會、宗教、藝術、哲學、教育，是全生活的組合，而人文則是人倫的道理，即是倫理道德，台灣想再創經濟榮景，如果人文基礎沒有建構穩固，上面的框架無論多高隨時都會傾倒。台灣這一代彼此能夠生存在同一個時空，進而相遇、相處都是有緣。懂得「惜緣」的人，會懂得應該彼此互相幫助，而不是為了私利互相傷害。只有打造一個充滿愛和關懷的社會，我們的幸福才有堅實的基礎，而「道德」就是一切的關鍵。

火旺兄在國家最需要道德自省的時刻出這一本書，憂國憂民的的情操令人感佩！我常聽到他說，這個社會最令人挫折的是：有心者無力、有力者無心，所以他要把有心人凝聚起來，匯聚成力量，為了下一代，我熱烈響應他的號召，加入「不當旁觀者」的行列，讓我們齊心攜手，許千千萬萬個孩子一個幸福的台灣。

感恩

今年的農曆年，我的心情一定會比往年輕鬆。

這些年來，每年農曆初二回娘家的時候，我的心情就一年比一年沉重，因為全家人大大小小總在歡聚一堂時，熱切的問我：你答應要給我們看的書，寫好了沒？

很多年前，我就答應他們寫一本一般人可以看得懂、有益於常人思索生命價值和意義的書。年復一年，今年終於在寶瓶文化朱亞君社長的敦促下，實現了這項承諾。所以我要特別感謝寶瓶文化，尤其是朱社長的邀約。

太太娘家有一項不成文的規定，每年農曆初二互相拜年時，小孩要說一些吉祥話，大人則發表一些感想。由於我研究的是倫理學和政治哲學，而且平時參與一些公共事務，對當前社會的問題、幸福人生的追求，常會有一些異於常人的觀察和評論，家人都認為我講得很有道理，很早就鼓勵我寫一本這樣的書。偶爾應邀在民間社團或學校演講，不論談論幸福人生、自由主義、社會正義、公民與道德，回響也極為正面。許多認識我的朋友，更期待我把平日的言論寫成書。所以這本書是許多關愛和期盼，匯聚而成的結果。每一份叮嚀，都是對我個人的一份關心和肯定。我衷心感謝每一位關懷我的人，他們豐富了我的生命，也是我一生中最大的無形資產。

我的太太張錦華教授，秉性善良、充滿公義。她主要的研究是多元文化、女性主義，體現她對弱勢族群的關懷是她一生的志業。她常常對學生說，她自己從年輕時就對弱勢者的關懷身體力行，嫁給一位又窮、又醜、讀的是冷門科系的丈夫，就是最好的證明。說真的，如果沒有這麼一位堅定支持我的太太，我不可能活得如此自信。美國哲學家羅爾斯（John Rawls）認為，人的自尊建立在別人對他的尊敬。我能夠堅持研究哲學、淡薄名利，最重要的推手就是我的太太。所以這本書的觀點以及寫這本書的力量，大部分來自於她長久以來對我的肯定。

我出生在貧困家庭，成長於國家最苦難的歲月，「理想主義」的基因從年少輕狂就進入我的血液。記得大學時代，除了破舊的衣著、邋遢的外表之外，使我一眼看起來就是一位憂苦青年模樣的主要原因是：滿腦子「先天下之憂而憂」的思慮。幾十年後的我，對國家社會和人類的命運還是有很多憂心，我也經常將自己對政治倫理的研究專長，應用在相關的公共事務中。一路走來，竟然毫不孤獨，因為我結識了一群志同道合、急公好義的好朋友，經常可以呼朋引伴，分享對國家前途和社會未來的想法和做法，他們誠摯無私的情義，常讓我心靈中充滿溫馨和感動。

曉波和建綱兄是這些年來給我最多指教、最常找我小聚、暢談天下大事的好朋友；玲惠、明仁和立群是我最信賴和依靠的伙伴；錦茹大姐對我過度的推崇，不但常讓我汗顏，更讓我警覺自己對社會的責任；成允常常用威脅的口吻對我說：「你絕對不可以跟我分彼此，你的事就是我的事」，朋友的義氣令我動容；伯實、莉玲夫婦對我的知遇，深深讓我珍惜，而他們兩位投入重振台灣創意文化的教學大業，更已成為我們共同的使命和目標。

還有許多數不清信任我、關心我的親朋好友，恕我無法一一道謝。

我個性率直、不善交際，卻擁有許多一般人不容易享有的友誼，其實唯一的工具就是「道德」。我對社會無私的付出，做任何事情幾乎很少為自己的利益打算，「無私」是朋友可以完全信賴我最大的原因，所以我交朋友的唯一方法就是放空自己，才容得下他人。換句話說，「道德」是我交朋友的唯一工具，而朋友也以道義相挺。朋友成為我生命中快樂最主要的來源，也是我最豐厚的資產，誰說道德無用？

感謝莉玲、玲惠、杏慶在繁忙的工作壓力下，承諾為本書寫序，對本書理念的支持和肯定。我還要感謝「讀書會」的朋友，她們最先讀完初稿，提供我許多修正的意見。當然如果沒有寶瓶文化所有工作同仁，尤其是夏君佩小姐的耐心協助，這本書也不可能問世，在此一併感謝。

最後我要感謝我的父母，他們沒有讀過書，一生都在艱苦的生活中折磨，從小我最深刻的記憶就是他們因為無力償還債務所遭受到的冷嘲熱諷。記得我高二和高三那兩年，為了生活而寄人籬下，每天早晚要到菜園裡花費一兩個小時澆菜，換來一口可以安心食用的飯菜。尤其高三下學期，當別的同學都在家人的呵護下準備大學聯考時，我只能在午夜夢迴的被窩裡掉淚，當時我曾經發誓將來要讓我的父母過好日子。遺憾的是，我無法讓他們在生前就可以分享我所擁有的肯定。我感謝他們，他們讓我在苦難中體驗真實的人生，使我懂得知足常樂的道理，使我比一般人更能夠抗拒名利的誘惑。尤其他們的苦難，喚醒我心中的正義感，以及對弱勢族群的同情和關懷。所以他們不只孕育了我，更孕育了我生命價值的主調！

林火旺　於台大哲學系，民國九十五年十一月七日

目錄

哲學與道德

希臘哲學家蘇格拉底(Socrates, 469-399B.C.)曾經說過：「一個沒有經過反省的生命是不值得活的。」我們沒有辦法決定自己的生，也沒有辦法決定自己的死，但是卻可以決定生死之間要如何過活。有些人活著，其實只能說是吃飽飯等死；有些人死了，卻活在人們心中。前者的生命像一塊雞肋，平淡無味；後者的一生像交響樂，迴腸盪氣。所以生命可以是索然無趣，也可以充滿尊嚴，中間的差別是什麼？人的品格和道德就是關鍵，因此另一位希臘哲學家亞里斯多德(Aristotle, 388-322 B.C.)認為，美德是幸福人生的必要條件。

古今中外的哲學家都一致認定，道德和美好生活之間具有密切的關係，可是一般人心目中卻把道德當成教條、口號，不但認為它是無用的，而且會阻礙私人利益的追求。因此只有透過哲學性的深層思考，才能讓一般人體會道德在人的生命意義和價值中的適當角色。

哲學是什麼？

如果你出席一個宴會，在宴會中和出席的賓客聊起彼此的職業，有人對你說他是律師，有人自我介紹是電腦工程師，有人則表示自己是畫家，你大概不會對這樣的介紹產生任何的困惑，但是如果有人說自己是研究哲學的，你可能會感到迷惘，因為你不知道研究哲學是怎麼一回事，「哲學」是什麼東西？

「哲學」對我們這個社會的大多數人而言，總是帶有幾分神秘的色彩，有些人把「哲學」當成「算命」，有些人認為讀哲學的人都是怪人，有些人甚至認為學哲學的人比較容易產生自殺的傾向。但是如果你問這些人：哲學是什麼？他們的答案通常都是：不知道。不知道哲學是什麼，卻對哲學充滿負面印象，顯然這些印象都是誤解，算命先生大部分沒有受過正式的哲學教育；被認定為「怪人」的，也不一定學哲學；只要把所有自殺者的身分調查一下，就可以知道「自殺」和讀哲學並不相關。

讀哲學的人最常碰到的問題有兩種：對哲學充滿好奇的同情者會問：「哲學是什麼？」

而對哲學充滿嘲諷、輕蔑的人則會問：「讀哲學有什麼用？」對於前者，我通常會認真地向他解釋哲學的重要性和迷人之處；對於後者，他並不是真的要得到答案，我的答覆是：「你活著又有什麼用？」

大多數人都不知道哲學家在做些什麼，其實哲學是一切學問的起源，大部分研究學科的最高學位都稱為「哲學博士」，「哲學」的原意是「愛智」，所以在古希臘時期，哲學研究的對象無所不包，雖然當代許多研究領域都從哲學脫離，自成一個學科，但是每一個學科的基本問題，仍然屬於哲學研究的範圍。所以在哲學的研究類別中有科學哲學、政治哲學、法律哲學、社會哲學、歷史哲學、宗教哲學、藝術哲學等。而以「道德」作為研究對象的倫理學，則是傳統哲學四大主題之一（另外三個是知識論、形上學和邏輯）。事實上人類文明的重大轉折，都是由哲學思想所主導，哲學對人類生活方式、美好生活的期待，具有關鍵性作用。自由主義（liberalism）思想創造今日的民主政治，馬克斯主義使二十世紀飽嘗共產主義的浩劫。哲學改變人類的命運。

和人類存在相關的種種「簡單的」問題，譬如：我們現在所看到的花或樹是不是真的存在？它們可不可能只是夢中的景物？我們大家是不是正在作一場永遠不會醒的夢？以視覺為例，如果青蛙看到蘋果的顏色是藍色的，你怎麼確定蘋果的真正顏色就是人認定的顏色？我們的感官結構不同於青蛙，所以我們看到不同於青蛙的顏色，面對同一個世界的景物，青蛙的彩色世界和我們不同，難道我們的視覺比較真實可靠？即使是人與人之間，除了口頭上的說法一致之外，我們也無法「確證」我所看到這顆蘋果的顏色和你看到的一樣。

根據普通常識，石頭是硬的、地球是圓的、太陽明天會從東方升起，但是哲學家不能滿足於普通常識，因為所謂的「普通常識」有可能是人的偏見；哲學家對任何問題一定要打破砂鍋問到底，希望對於他所相信的事物，能具有比普通常識更充分的理由。因此哲學的精神就是凡事追根究柢；「普通常識」往往似是而非，面對重大問題時，更常常無濟於事。

生命的哲思

每一個人活在世界上，都希望自己能過一個幸福美好的人生，但是很少人真正思考過：什麼樣的生活才是值得活的？大多數人隨波逐流，對他們而言，「幸福」不外是名利的代稱，但是現實世界中有名有利的人，似乎也不是完滿無憾。生命的答案好像不是這麼簡單，否則人類的歷史不會是悲劇不斷重演。

生命本身就是一個值得追根究柢的問題，根據社會學家的調查，越文明富裕的社會，自殺率越高，富裕安定如北歐的社會，人們發現自己在這樣的社會中，多他一個不多、少他一個不少，自己的存在好像毫無價值。生命似乎充滿了矛盾，物質匱乏時，以為豐衣足食就是幸福美滿；衣食無缺，卻又發現日子無聊難耐。貧困的生命積極進取，富足的生活慵懶無助，存在到底為了什麼？

雖然哲學的成果並不能解決生命存在的問題，但是哲學訓練可以使人透過追根究柢的理性思辨，意識到人類存在的深層問題、體悟人的有限性。如果人類的有限性使得人生注定不夠完美，哲學家對這個不完美會有較深刻的思索和自覺。譬如：一個對生命存在本質深思過的人，比較知道哪些是人可以追求，哪些是超越人的能力。如果真有上帝，上帝把我們丟到這個世界之前，祂賦予我們的愚智、美醜，都沒有事先得到我們的同意，因此人不必因為長得醜或笨而自卑，也不必因為美和聰明而驕傲，因為這些都不是人所能影響的。如果美醜愚智並不是你努力的結果，你有什麼好驕傲或自卑的？經由我們自己的力量在這個世界所造就的一切，才值得我們驕傲或慚愧。

哲學始於「懷疑」，哲學教育所要培養的就是懷疑和思辨的能力，因此哲學是一門最講理的學問，對一個自由多元卻充滿敵意、對立的當前社會，理性、深刻的哲學智慧尤其重要。可惜我們的社會功利主義盛行，對哲學的重要性普遍缺乏瞭解，政治決策者也都以為哲學對生產無益、對就業無補，政策思考完全是經濟和市場導向，其結果是：各級學校教育的目的彷彿只是要鍛鍊不同尺寸、優秀的螺絲釘，以滿足市場的需求而已。我們對教育的觀念，建立在將人生簡化成：工作、賺錢、養家、過日子。

其實不論你從事哪一個行業，我們每一個人都是人，都要自己過一生，而一生中除了物質的維生需求之外，我們也需要精神食糧，只要是人，都會遭遇憂苦愁煩、經歷喜怒哀樂；只要是人，不論生長在哪一個時代，都會面臨屬於「人」的共同難題：生老病死的無常、悲歡離合的無奈。然而一位能夠參透無常、化解無奈的哲學家，最多只能提供指引，卻不能替他人過這一生，因此任何不想讓自己一生只成為「吃飽飯等死」的人，似乎都需要充實一些哲學智慧，澆灌和滋潤不可能完全如意的人生。

道德和生命意義

「人活著有什麼價值？」「生命的意義是什麼？」這一類的問題，幾乎和人類文明的誕生一樣的古老，幾千年來不論東方或西方的偉大哲學家，都曾經為這類問題搜索枯腸，然而到目前為止，並沒有發現一套讓所有人都可以接受的標準答案。幾乎每一個思想家對宇宙、自然、生命和人性，都有一種特殊的理解和認識，所以每一個思想家對於生命意義的探索，都有其獨特的詮釋。因此對於人生的意義、生命的價值，並不像科學知識一般，可以從先哲努力的成果中，直接得到確定的解答，可以想見的是，只要有人類存在，這類問題必然會被持續地思考，而不同的答案也必然會持續地出現。

人類不只無法為生命意義找到一個標準答案，人類也不可避免必須面對這個問題，每一個人都要自己過一生，沒有人能替別人的生命找答案。當你利用哲學追根究柢的精神去質問：「人活著幹什麼?」「生命的意義和價值是什麼?」這類的問題時，一定會涉及到道德問題，因為每一個人都活在人群之中，生命如果有意義，這個意義必然和人際之間如何相處產生關連，而「道德」簡單地定義就是人與人之間的適當關係。

只要談到「道德」兩字，很多人都會聯想到「唱高調」、「曲高和寡」之類的印象。但是事實上人與人相處離不開道德，就像魚離不開水一樣，只要一個人必須和另一個人打交道，一定會產生交往之「道」。譬如：兩個陌生人在獨木橋的兩端，「要不要讓對方先過」、「對方比我弱小，要不要欺負他」、「對方讓你先過以後，要不要表示感謝」，這些都是道德問題。只要有他人存在，人與人之間應該如何互動的問題，就不可能避免，所以「道德」幾乎佔據了人與人之間生活的每一個空隙。

即使一個人躲到深山隱居，完全不和他人打交道，也可能還是無法擺脫道德的壓力，譬如：這樣做對於父母是否不孝？如果沒有父母，對關愛他的朋友是不是過於絕情？除非一個人完全沒有親人朋友，否則選擇遺世獨立，也會面臨道德問題。所以幾乎沒有人能逃避道德問題，道德和我們的生活形影相隨。

大多數父母在教育自己子女時，都會告誡子女為人要正直、善良、誠懇，很少父母會希望自己的小孩學習如何燒殺擄掠，因為任何一個稍微具有理性和生活歷練的人都知道，有道德的生活比不道德的生活幸福。事實上只有過一個有道德的生活，人才能體會到存在的價值和意義。

然而在現實生活中，合乎道德要求的行為往往必須付出一點代價，一般短視近利的人因此認為「道德」對自己不一定是有利的，或者「道德」最多只具有工具價值，是追求個人最大利益的一種手段，並不值得作為人生的一個目的，「為道德而道德」似乎是一個愚蠢的行為。可是如果透過哲學式的深思，我們可以為「道德」的價值找到更具有說服力的基礎，「道德」其實是任何人追求幸福人生的一個不可缺少的元素，而人類生命的意義，似乎也只有在「道德」中才能找到比較合理的答案。

你（妳）快樂嗎？

國民黨在台灣執政，最傲人的政績就是創造了「經濟奇蹟」。經濟奇蹟雖然使台灣擺脫物質的匱乏，但是這種過度重視經濟成長的心態，事實上也造成人們「唯利是圖」的功利價值觀，而功利價值觀則是道德的毒藥，間接造成社會上只重金錢、不擇手段的惡風：當紅藝人不論私德多麼敗壞，不會影響他們在青少年心中的地位；政治人物不論造多少口業，仍然是許多支持者崇拜的偶像；校園裡學者演講乏人問津，歌星演唱卻造成萬人空巷。但是這種物質豐富、道德匱乏的社會，人們有比較快樂嗎？每年不斷升高的自殺率，應該可以提供部分的答案。

台灣哪裡不缺德？

二〇〇五年一月十日凌晨一時五十分，台北市仁愛醫院急診室接獲一名四歲邱姓女童請求就醫，當時這個小妹妹意識模糊，昏迷指數七，心跳正常。但是院方宣稱沒有病床，最後被送至台中梧棲的童綜合醫院，經過數日搶救，於二十日宣布腦死。令人遺憾的是，全台灣醫療資源最豐富的台北市，竟容不下一個四歲女童！這件人球事件震驚全台，社會各界對仁愛醫院醫生的醫德大加撻伐。但是如果仔細想一想，難道只有醫生沒有醫德嗎？台灣哪個行業不缺德？

打開報紙或電視，不道德的事情每天都在發生，醫生比較吃虧，因為他們如果缺德，直接就危及人民的生命，所以會受到較多的指責。一九九九年的「九二一大地震」，台北市的東興大樓倒塌，造成八十多人死亡，主因是位於一樓的第一銀行在裝修過程中，擅自變更建物的主要結構，這應該是核發執照之公務人員的疏失，但是決定變更主體結構的工程人員也難辭其咎，這種貪一時之利，卻造成多年後奪走數十條人命，這些人難道不算間接殺人？工程偷工減料在我們的社會似乎是一種常態，偷工減料雖然不必然立即造成人命的傷亡，但是從事這種行為的人和人球案的醫生，在道德上又有何差別？

我們可以再舉日常生活中耳熟能詳的例子。每年過年前後總會傳出販售病死豬事件，其實這只是因為這時候政府單位的查驗比較積極，這個問題根本平時就存在。根據二〇〇五年二月中華民國養豬協會的估計，全台每年大約有七萬頭病死豬，約八百七十五萬公斤的豬肉流入市面，這些生病時都打入抗生素的病死豬，在不知不覺中都進入民眾的肚子裡。二〇〇六年一月十八日根據媒體報導，桃園縣政府衛生局為了讓人民安心過個好年，針對大賣場的南北貨進行抽驗，結果抽檢的十五件金針中，有十三件的二氧化硫殘餘量超出衛生標準，不合格率高達百分之八十七。養豬戶不甘虧損，不顧消費者的健康，只求病死豬脫手撈本；賣金針者為了讓其貨品亮麗，以便賣個好價錢，添加過量的防腐劑，完全沒有考慮吃金針者的身體健康，這和拒收邱小妹的醫生，在道德上又有何差別？

二〇〇六年五月最熱門的新聞話題是趙建銘的台開案，趙建銘身為台大的醫師，又貴為總統的女婿，以他的家庭狀況如果安分守己，也一定可以過一個相當不錯的生活，但是他為了貪圖更多利益，貪得無饜的結果不但毀了自己一生，也毀掉國家形象。在趙建銘事件發生後，根據《商業周刊》在二〇〇六年五月二十九日所進行的一份「台灣社會道德觀」調查，百分之九十六的人認為道德觀是重要的，但卻有三分之一以上的人樂於遊走法律邊緣快速謀取暴利，百分之三十九的人表明，只要有機會也會進行內線交易，而且經過交叉分析顯示，年紀越輕、學歷越高者，對於不擇手段追求功利的意願就越高。這項調查顯示台灣社會的一個現象：有許多認為道德重要的人，自己卻會基於利益而放棄道德。

人怕人的社會？

一九八二年四月十四日，一名退伍老兵李師科蒙面持槍闖入台北土地銀行的古亭分行，整個事件震驚台灣社會，因為這是台灣治安史上第一個持槍搶劫銀行的案子。在李師科尚未落網之前，報紙每天以大篇幅的版面，鉅細靡遺報導這個案件的進展。一九八七年十二月二十一日，新竹十歲的學童陸正在放學途中遭歹徒綁架撕票，這個案件在當時也轟動台灣整個社會，因為這是台灣第一件綁架撕票案。但是現在幾乎每個月都有「李師科」，「陸正事件」也時有所聞，可是我們似乎已經習以為常。二十年前，社會發生一件搶案都是大事，二十年後，殺人綁票彷彿是另一種謀生的方法、撈錢的行業。

五十年前的台灣，雖然家家戶戶普遍貧窮，但是社會安和、人情味濃，人民知足而不貪婪、道德感強烈。孩子放學回家就溜出去找玩伴，常常在外面玩到父母催著回家吃飯，沒有一個家庭會因為看不到放學的孩子而擔心或恐慌；而五十年後的今天，我們的經濟不知往上翻了幾翻，道德卻向下不斷沉淪，如果超過學校放學時間一個小時還見不到孩子回家，心焦的父母第一個念頭是立刻報警。

五十年前的台灣，一般人家可以夜不閉戶，而五十年後的台北市幾乎家家戶戶必須裝設鐵窗。夜歸的婦女如果經過黑暗巷弄，最怕看到的不是會咬人的野狗，而是擔心遇到人。因為任何一個陌生人，都有可能成為潛在的侵害者，而人對人的傷害絕對比狗來得可怕。即使是壯漢，開車經過荒郊野外也會膽戰心驚，因為他會擔心有人中途攔路。我們其實已經變成一個人怕人的社會，傳統中國社會的溫柔敦厚，幾乎完全被功利主義的價值觀取代，道德淪喪應該是這一切的主因。

別人死活不干你的事？

觀察當前的社會現況，為私利而違反道德的行為俯拾即是，道德的壓力無法抵擋利己的誘惑，道德在現實社會中似乎失去規範力。但是這個事實並沒有證明道德不是美好人生的必要條件，由這些事件所造成的人心惶惶，反而更加肯定利己心踐踏道德所付出的社會代價。賣病死豬的人自己一定不吃豬肉，販售添加過量防腐劑金針的人自己也不會買金針，但是不買豬肉的人會買金針，不買金針的人會買豬肉，如果社會上每一個人都為了自己利益，不顧他人死活，害人者會受他人之害。任何一個具有理性的人都不會期待這樣的社會。

二〇〇四年十月十一日中山高速公路發生重大車禍，蔡先生一家分別開兩部車從高雄要搬到桃園，蔡太太開的那部車經過麻豆路段，因路肩施工減速，卻被後方聯結車追撞，一名過客停車救出從車裡爬出的一對八歲雙胞胎兄弟，這名過客曾揮手要求其他車輛幫忙救援，卻無人理會，最後車子爆炸起火燃燒，蔡太太、婆婆和九歲的長子活活被燒死，蔡先生因為不同車而逃過一劫。當晚電視播出家屬哭訴的淒涼畫面，哀痛逾恆的家屬對著電視機重複的吶喊：「為什麼沒有人要救我們？為什麼沒有人要救我們？」這無疑是對這個無情社會最沉痛的指控。

一個人不論多麼強壯、富裕，總是有需要別人協助的時候，如果你是上則事故的受難家屬，當然希望別人能見義勇為；然而對那些經過事故現場、不理揮手求救、呼嘯而過的人而言，冒險救助他人代價似乎是太大了。諷刺的是，我們永遠在自己受難時希望社會充滿愛心，而當社會有人受苦需要他人捐出愛心時，自己卻只想當旁觀者。那些不願意為別人付出一點犧牲的人，似乎永遠沒有「如果這是發生在我身上，我希望別人怎麼做？」這種將心比心的思考能力。

社會上任何一個人的苦難或對社會的不滿，可能是另一個陌生人要為此付出代價，在功利主義的流風下，現在社會上很多人都認為：「我只要自己過得好，何必管別人死活？」但是如果具有進一步的思考能力就會發現：「有錢人可以唱KTV，沒錢人可能縱火燒KTV。」只要生存在同一塊土地，我們的命運其實在某種意義上是連在一起的，讓社會上每一個人活得有希望，我們大家才會活得很安心。而只有對道德問題具有理性思考能力的人，才能領悟其中的深意。因此隨著科技發展，在專業、效率成為主流價值、人逐漸被物化的社會，重視道德才可以使人重新回到人的本質，找回追尋幸福的基本方向。

如果你有隱形戒指，你會做什麼？

柏拉圖（Plato, 428-347 B.C.）應該是古希臘最重要的哲學家，他有一個最有名的對話錄叫做《理想國》，在這個對話錄中一位辯士提出一個非常有趣的故事：

蓋吉士（Gyges）是為利底亞（Lydia）國王工作的一名牧羊人，有一天當他在放牧羊群時，忽然來了一場暴風雨加上地震，震開了一個地洞，他被這個景象所吸引，就走下地洞，在洞裡他看到許多驚奇的事物，其中有一隻銅馬，這隻馬的中間是空的，像一扇門。蓋吉士走進這道門，看到一具比人的體型還要高大的屍體，這具屍體的手指上有一枚金戒指，蓋吉士離開時只帶走這枚戒指。他帶著這枚戒指參加牧羊人每個月的例會，這個會議是向國王報告羊群的狀況，開會期間他無意間把戒指的座盤往內轉，這時他發現他的同伴似乎看不見他，因為他們在談到他的時候，就好像他是離開的一樣。蓋吉士非常驚訝，於是他再把戒指的座盤往外轉，結果他又變回可以被看見的人。

蓋吉士在驚喜之餘，開始對這枚戒指進行試驗，看它是不是真的具有這樣的魔力，結果他發現每次把座盤往內轉，自己就變成隱形人，往外轉就現身。經由這個發現，他盤算在出席一個向國王報告的宴會時，引誘皇后，而且透過皇后的幫助，謀殺國王、取得王位。

如果你是那位牧羊人，擁有這樣一枚隱形戒指，你會不會做同樣的事？在現代社會中，如果你擁有一枚隱形戒指，既不必偷，也不必用搶的，你會不會去銀行「拿」錢？會不會去珠寶店「取」走昂貴鑽戒？會不會大搖大擺走進心儀已久的異性家中，滿足你朝思暮想的情人夢？柏拉圖對話錄中的辯士認為，只要擁有一枚隱形戒指，日常生活中的有道德的人和沒有道德的人，都會做同樣的行為：滿足所有個人私欲的行為，「道德」就像一付枷鎖，禁錮的是每一個人內心深處狂野的私欲，一旦去除枷鎖，最真實的人性會如脫韁的野馬一樣，為所欲為。

道德是一種壓力

我上「倫理學」課的時候，幾乎每次都會問學生：「有沒有人喜歡吃蛋糕？請舉一下手。」當然有人會將手舉起來，而且表情自然輕鬆，覺得老師怎麼會問這種無意義的問題。接著我會問：「有沒有人喜歡同性？也就是說有沒有人是同性戀者？請舉一下手？」這個問題通常不會有人舉手，即使台大校園早就有同性戀的社團存在，但是在教室這種半公開場所，承認自己是同性戀，仍然有很大的心理壓力。一個喜歡吃蛋糕，一個喜歡同性，為什麼同樣是「喜歡」，卻會受不同的壓力？因為喜不喜歡吃蛋糕和道德無關，沒有人會認為不喜歡吃蛋糕是無恥。但是喜歡或不喜歡同性，儘管我們的社會已經相當開放，這仍然是一個和道德有關的問題。同性戀者在以往保守的社會中，被認為是變態，甚至是妖孽。

道德是人際之間的產物，兩個人以上才會產生道德上對錯的問題，道德問題是規範性的問題，所謂「規範」就是規定和限制，違反道德就是違反規定，所以違反道德會受到他人譴責的眼光，也會受到自己因道德教化所產生的良心折磨。譬如一個喜歡阿諛奉承的人，除非厚顏無恥到了極點，否則也不敢到處張揚說：「我喜歡拍馬屁。」因為「拍馬屁」和「吃蛋糕」雖然都是個人偏好，但後者可以理直氣壯的承認，而擁有前者這種偏好，如果讓別人知道，自己會感到羞愧，因為這種偏好涉及道德。如果哪一天「同性戀」和「喜歡吃蛋糕」一樣，被人們當成純粹是個人喜好、無關道德，同性戀者就可以大方出櫃，而不會遭遇任何異樣的眼光。

同樣的，如果「說謊」無關道德，說謊的人也不會在說謊時產生不同的心理變化，測謊機也就失去功能。因此一個行為是否合乎道德，會影響到行為者的心境，因為道德具有規範作用，只要活在社會上，任何人在道德上的表現，必然會成為他人對「這個人」進行評價的最重要依據。所以通常從事不道德行為的人，也會盡量掩人耳目，因為這是見不得人的事。

任何一個在正常社會、正常家庭成長的人，從小就會受到一些道德教化，所以道德對任何人都會具有一些無形的壓力，就是因為道德對任何人都有一定的約束力，所以柏拉圖筆下的辯士才會認為，只要擁有隱形戒指，沒有人會在乎道德或不道德，因為隱形戒指的意義是：

即使從事不道德的行為也保證不會被人知道，因此也絕不會受到任何外在的道德制裁。至於內在良心的制裁——在一個道德教化逐漸口號化、功利價值觀主導的社會，比起不道德可能得到的巨大利益，內在良心的聲音實在微不足道，就像在一場眾人嘶吼的狂歡舞會，誰會聽得到角落一名弱女子被暴徒欺負的求救聲？

道德既然是一種束縛，聰明的人們為何要自設枷鎖？為何不追求自由、解放、不受限制、為所欲為，只要我喜歡，有什麼不可以？

人性和道德

《理想國》的辯士會認為只要擁有隱形戒指，原來有道德的人也會變得不道德，這裡面蘊涵兩個意義：一、道德只是一種工具，如果有機會，沒有人會為道德而道德；二、人性是利己的。這兩層意義加起來，等於宣布：人其實是衣冠禽獸，道德只是美麗的外衣，人內在的真實本性充滿了貪婪、自私的獸性。由於道德會產生外在的懲罰，使得一般人在正常情況下不敢違反道德，因為違反道德在一般狀況下對自己比較不利，但是一旦有了隱形戒指，就可以保證外在制裁不會發生，內在的獸性自然就原形畢露。

據統計，台北市每天有數百萬輛的摩托車進出，由於數量眾多所以違規比較不容易遭到取締，因此台北市的摩托車東鑽西竄，穿梭在「禁行機車」道、違規轉彎、闖紅燈等情節，是天天發生、人們司空見慣的事。但是如果在一個有警察指揮交通的十字路口，摩托車騎士也會遵守交通規則，因為這種情況下違規會受到立即的制裁，聰明人不會做這種不利於自己的行為。

「守法」當然是一種道德行為的表現，有一個方式很容易測驗一個人是否為道德而道德：半夜兩點鐘，如果你開車經過一個亮著紅燈的路口，沒有警察、也沒有照相裝置、四下無人，你闖不闖紅燈？通常的答案是：不闖是笨蛋。如果這個答案是大多數人「心中」的答案，這證明《理想國》的辯士對人性的假設是正確的，一個人把道德當成目的還是工具，最簡單的測試方法就是：當沒有人知道你違反道德時，你會不會違反道德？譬如：在半夜僻靜、空無一人的巷道，你看到地上有十萬元現鈔，你會據為己有？還是送交警察局？

當然有人會說：「若要人不知，除非己莫為」，隱形戒指就是要保證你所做的行為，百分之百不會有人知道。當然也有人會說：「舉頭三尺有神明」，但是這類說法只適用於相信鬼神存在的人，對於許多不具有宗教或來世信仰的人，這些說法都擋不住內在的貪婪。

雖然傳統的儒家信仰主張人性本善或向善，但是中國民間家庭中一般的道德教育方式，背後的精神卻是「隱形戒指」式的，中國的父母告誡子女不能做壞事，說法常常是：「善有善報、惡有惡報、不是不報、時候未到」，這種運用懲罰的方式從事道德教化，就是把道德當成一種工具，把人性看成利己。其實儒家思想強調「人心惟危、道心惟微」、「慎獨」的道理，都和「隱形戒指」的精神相通，只是儒家過度強調人類善性的「擴而充之」，「惡」的防範通常不被當成道德教化的重心。這造成道德要求曲高和寡，民間家庭普遍把道德工具化、功利化，這其實是目前我們社會道德教育失敗最大的癥結。

如果人性本善，人人都可以成聖賢，當然道德教化就應該要求每一個人都努力成為聖賢。這樣的想法在中國社會從科舉考試以來，就成為政治上公開宣揚的標準，而且成為決定一個人功成名就必須遵守的規範。在這樣的「普世」價值觀之下，如果有人公開表示不願意成為聖賢，人們的評論一定是：「這個人自甘墮落。」但是成聖成賢談何容易？因此大多數人學會的處世哲學是：說的是一套、做的是一套。這也可以說明為何自古以來最重道德教化的中國社會，人與人之間的交往反而比較多是客套虛偽的深層原因。

如果看過每年大學聯考高中生寫的作文的人，一定會覺得我們的下一代充滿了希望，因為字裡行間洋溢著「愛國愛人」的熱情和價值觀，大概沒有人在作文中表示自己是一個自私自利的大壞蛋。但是高中生心裡非常明白，他們所寫的是社會要的「標準答案」，是給閱卷老師看的，而不是他們平時要做的。這份虛偽來自對道德存在之目的的無知，就是這份虛偽使我們的道德變成口號，也使從事道德教育者充滿無力感。

我們實在需要重新正視人性。

道德教育不是為了製造聖人

對於人性，雖然西方也有思想家主張人的本性是善良的，譬如：十八世紀出生於瑞士的法國哲學家盧梭(Jean Jacques Rousseau, 1712-1778)，但是在談論道德存在的目的和起源時，大多數的西方哲學家認為人性基本上是利己的。不只柏拉圖《理想國》中的辯士持這種人性觀，十六、七世紀英國一位重量級的哲學家霍布士(Thomas Hobbes, 1588-1679)更是這種觀點的集大成者。

人的本性到底是善還是惡？這恐怕是一個得不到定論的問題，但是比較可信的說法是(套用當代一位哲學家的說法)：人的利己心具有宰制性，也就是說人雖然也有利他的傾向，但是人性最顯著的部分是利己。另一位當代學者稱這種人性特點為「有限的同情心」，也就是說大多數人自然的傾向是：比較關懷自己的需求和利益的滿足，而比較不關心他人需求和利益的滿足。我們民間流行的俗語「人不自私天誅地滅」的想法，顯然比較接近這種人性觀，而和主流儒家「性善論」或「向善論」的想法牴觸。

如果人類的同情心是有限的，而維持人類生存所需要的資源也是有限的，人們自然就會因為求生存而產生衝突，學者稱這種處境為「人類的困境」(human predicament)，而道德存在的目的就是為了改善人類存在的這種困境。如果這種說法是可信的，那麼道德教育的目的就不是為了培養聖人，而是為了一般人如何和他人和平相處。因此社會上任何一個人，只要必須和他人互動、進行人際往來，必要的道德要求是人際和諧、甚至社會和諧所不可缺少的。

上述道德存在的目的只是一個簡略的論證，下一章我們會有更細緻的討論，但是從這個簡略的推理至少可以澄清一件事：道德不是高高在上，不是寫作文時的虛妄口號，更不是拿來供奉的教條，而是我們生存的工具、過日子的方法。不用這種方法過日子，我們等於選擇衝突而不是和平，沒有和平我們不可能心安。「平安就是福」，每天活在不安當中，怎麼可能幸福？

道德不是聖人的事、不是寫作文用的，而是每一個人的事、是日常生活中每天要去實踐的事，亞里斯多德說美德是幸福人生的必要條件，就是這個道理：有道德不一定幸福，沒有道德一定不幸福。

雖然你喜歡，但是不可以

我們一生下來就活在一個有道德規範的社會，在操場上撿到一個籃球，正玩得起勁，這時有一個人跑過來告訴你說，這是他的球，你會如何回答？你會說：「球是你的？笑話，看誰拳頭大！」還是你會立即把球還給他，即使對方比你瘦弱？一般人在這種情境下，都會將球交還，因為「不是自己的東西不應該據為己有」的道德要求，已經成為我們大家的共識和習慣。如果你從台北買了一張站票到台中，一上車發現有一個空位，趕緊坐下，過一會兒，有一個人過來告訴你說：「這是我的位子。」你一定會立即起身，將座位讓出。跟朋友約會遲到，你一定會說：「對不起。」而不是：「你本來就應該等我。」向人家借錢，你不會說：「借點錢給我用，可是我是不會還的。」

這些生活行為的規範已經成為「普通常識」，但是為什麼我們需要這些規定自我設限？

為什麼不是「只要我喜歡，有什麼不可以」？

「只要我喜歡，有什麼不可以」大概是台灣政治解嚴、社會自由化以後，青少年次文化最流行的一句口號，這句話充分顯示台灣社會自由化以後，個人主義價值觀已經成為最時髦的社會文化，但是這句話當然是錯的。

「我喜歡你的車子，可不可以據為己有？」「我喜歡妳，可不可以要求妳當我的女朋友？」「我喜歡自然、崇尚自由、厭惡拘束，可不可以脫光身子在路上散步？」「我喜歡炫耀自己的性能力，可不可以和女友當街做愛做的事？」對於這些問題，答案當然是否定的，還有太多你喜歡的東西或行為，答案也是「不可以」。

有人可能會反駁說：「『只要我喜歡，有什麼不可以』是指：只要沒有違反法律，我有自由做任何想做的事。」這樣的說法只對了一半，我們的自由確實必須在法律許可的範圍之內，但是有些法律規定就是限制嚴重的道德缺失，所以部分的法律其實就是強制執行的道德。譬如：任意殺人是犯法的行為，而任意殺人是嚴重的道德錯誤，必須用法律的強制力加以制止，否則會危及社會安定，所以重要的法律規定其實也是道德。此外並不是只要不違法就可以為所欲為，因為「可不可以」的界限不是只有法律，還有不在法律規定之內的道德。

譬如：約會遲到，這不是違法的行為，但卻是不道德。約會遲到是對別人不尊重，如果一個人習慣性地約會遲到而不會感到愧疚，是一個「目中無人」的人，目中無人就是缺乏道德感，對這種人，別人內心對他的評價一定是負面的。女性朋友如果常常約會遲到，如果別人不但不生氣反而巴結逢迎，一定是別人想從妳身上得到什麼，妳違反道德，別人反而討好妳，只有一個理由：別人把妳當成可以利用的工具。一個不尊重別人的人，也不可能得到別人的尊重，這就是道德的意義和價值。

聰明人為什麼要被道德束縛？

盧梭是一個非常重視「自由」這個價值的哲學家，他曾經說過：「一個人如果失去自由，等於失去作為人的特性。」換句話說，監獄裡的犯人對於盧梭而言根本就不是完整的人，因為一個失去自由的人，就是失去人的價值。那麼一個受到道德規則束縛的人是不是失去自由？答案是否定的，因為盧梭認為，道德上的約束是理性的人自我選擇、自己附加上去的。就像一個人為了減肥，選擇不吃東西一樣，他的飢餓是自由決定的，不是受到外力的脅迫；或者一個人心情不好，把自己關在家裡生悶氣，他沒有出門，並不是他被迫不能出門，而是他自己選擇不出門，因此他並沒有失去出門的自由。但問題是：為什麼聰明人會選擇這種自我約束？

霍布士對這個問題提出相當具有說服力的論證。霍布士假設人的本性是理性利己的，「利己」的意義很清楚，「理性」表示人具有推理能力，也具有前瞻性的眼光。根據這個定義，「今朝有酒今朝醉」並不是理性的行為，因為理性的人會合理假設明天還活著，所以未雨綢繆、為長遠打算才是理性的。如果所有人都具有理性能力，可以為自己的最大利益精打細算，那麼接受道德束縛對自己難道比較有利嗎？霍布士的答案是肯定的。

為了證明道德對理性的人是有利的，霍布士假想人類在形成道德之前，是處在一種沒有任何道德束縛的狀態，他稱這種狀態為「自然狀態」（state of nature）。在自然狀態中，每一個人都擁有絕對的自由，這種自由類似「只要我喜歡，有什麼不可以」的自由，盧梭稱為「自然的自由」（natural liberty），也就是為所欲為的自由。活在自然狀態對理性利己者有利嗎？霍布士的答案是否定的，他把自然狀態稱為「戰爭狀態」，因為自然狀態是一種人與人為敵的野蠻狀態。

自然狀態為什麼是一種戰爭狀態？最重要的原因當然是人們為了爭取維生資源所導致的競爭。由於人類賴以維生的資源有限，加上人們的利己心，在自然狀態的人們必須不斷地追求力量(power)，因為只有強而有力，才有可能在競爭中獲勝，個人的生存才有可能得到保障。人需要食物才能活命，所以你必須有打獵的力量，才能獵食維生，但是即使具有打獵的力氣，你還必須擁有更大的力量才能守住獵物。舉例來說，你能獵到一頭羊當然需要靠你的力氣，但是要把羊肉變成自己口中的食物，則需要更大的力氣。因為別人如果比你力量大，他可以不用自己去打獵，只要把你努力的成果搶過來就可以了。自然狀態沒有道德、沒有對錯、沒有「你的」、「我的」之分，任何人都可以做任何事。

競爭造成自然狀態的人與人之間成為敵對狀態，而隨著敵意所產生的是人與人之間不能互相信任。有人可能認為，像自然狀態這種弱肉強食的狀態並不是對所有人都不利，對那些生來身強體壯、智商較高的人，自然狀態似乎對他們比較有利，但是霍布士認為這種天生的不平等，在自然狀態中並沒有多大的意義，因為一個人即使天生條件再好，處於人與人互不信任的狀態，對他也不會有利。譬如：假設一個人生來體力過人，一個人可以打倒十個，但是由於自然狀態中人與人的互不信任，他會擔心別人偷襲，所以半夜不敢睡覺。一天不睡覺，剩下的力氣大概只能以一抵五，兩天不睡覺，一對二就不錯了，三天不睡覺，恐怕一對一都會有困難。更何況人是理性利己的，先發制人的攻擊是最好的防禦，因此天生條件最好的人，反而可能成為第一個被攻擊的對象，因為理性利己的人一定懂得利用「聯合次要敵人、打擊主要敵人」的策略，先除掉最具優勢的競爭者。

所以戰爭狀態不可能對任何人有利，你想想看，在戰場上子彈會先打到誰？子彈不會因為你比較聰明或比較強壯，而自動轉彎。在戰場上每一個人的命運都一樣危險，戰場剷平了人類天生所有的不平等，戰爭使人變成野獸，只為求生而掙扎，完全喪失人的尊嚴。因此霍布士對自然狀態有一段極為生動的描述：「在這種條件下，沒有企業容身之地，因為其成果是不確定的；因此也沒有文化……沒有藝術，沒有文學，沒有社會，而且最糟的是：持續的恐懼和暴死的危險，人的生活是孤獨、窮困、卑鄙、野蠻而且短暫的。」所以霍布士認為，設法逃離自然狀態，才是理性利己者應該做的。

如何逃離自然狀態？用談判代替對抗，才可能終止戰爭、和平共存，所以理性利己者會放棄自然的自由，也就是放棄「只要我喜歡，有什麼不可以」的自由，彼此訂立一個契約，限制個人自由的範圍，使每一個人所擁有的自由有所節制，而不再是為所欲為，這樣才能使人們脫離戰爭狀態而邁入文明的社會狀態。對霍布士而言，契約的產生也就是道德的誕生，遵守契約就是道德，違反契約就是不道德。顯然如果大家都遵守契約，對社會整體是有利的，所以遵守道德對所有理性利己者而言，完全合乎大家長遠的利益。

從霍布士的推論可以得到的結論是：「道德」對自私的聰明人是有利的，因為任何自私的聰明人都知道合作勝於對抗，契約的內容就是合作的條件，也是道德的內容。有所節制的個人自由，絕對優於每一個人都擁有自然自由的情境，盧梭稱這種有限的自由為市民的自由(civil liberty)，其實這種自由才是任何真實社會人民可以享有的自由。因此任何文明的社會都會對人民的行為有所限制，也就是說，任何文明社會都需要一套道德規範，因為道德才能使自私聰明的人們組合成一個互相合作的「社會」，而對任何人而言，社會狀態永遠比戰爭狀態有利。

囚犯兩難(prisoner's dilemma)

當代所謂的賽局理論(game theory)可以更清楚呈現霍布士論證的精神，以下我們用「囚犯兩難」的模式來說明。所謂「囚犯兩難」是指兩個嫌疑犯在判決前所面臨的處境。假設A和B兩個嫌疑犯共同參與一項重大刑案，但是檢察官缺乏關鍵性證據，唯一的證據是他們違法攜帶槍枝。又假設A和B被告知以下三種情形：一、如果他們其中之一在法庭上認罪，而另外一位不認罪，則前者可以轉為污點證人，污點證人將被判處一年徒刑，而不認罪者將被關十五年；二、如果兩個人都不認罪，則由於罪證不足，只是違法攜帶槍枝的小罪，每一個人各判三年徒刑；三、如果兩個人都承認自己有罪，則兩個人都將被懲處十年刑期。在上述的處境下，一個理性利己的人將如何選擇？認罪或不認罪？這個模式可以用下圖來表示。（圖中每對數字中第一個代表A的刑期，第二個則代表B）

A \ B	認罪→	不認罪→
不認罪↓	(15, 1)	(3, 3)
認罪↓	(10, 10)	(1, 15)

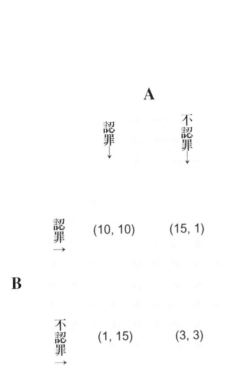

在上述「囚犯兩難」的條件下，如果Ａ和Ｂ都是理性利己的人，在不知道對方如何選擇的情境下，當然他們將同時選擇認罪，也就是說，結果兩個人都被判處十年徒刑。因為無論對方如何選擇，認罪是使自己利益最大化的最佳選擇。譬如：Ａ在思考他是否應該認罪時，他將會進行如下的推論：Ｂ只有兩個選擇，認罪或不認罪。如果Ｂ選擇認罪，而他不認罪，就會被關十五年，認罪則只會坐十年牢，所以當Ｂ認罪時，他最好認罪；如果Ｂ選擇不認罪，在這種情形下，如果他也不認罪，他將被判三年徒刑，但是如果他認罪的話，其徒刑將減為一年，所以當Ｂ不認罪時，選擇認罪會使他的利益最大化。所以不論Ｂ做什麼樣的決定，對Ａ最有利的行為都是認罪。同樣的，Ｂ也會進行相同的推理，而得到相同的結論，也就是說，不論Ａ的選擇如何，對Ｂ而言，認罪永遠是他的最佳選擇。所以每一個理性利己的人，單獨追求自己利益的結果是各坐十年牢。

然而以上的結果並不是Ａ和Ｂ所能達成的最佳情況，因為如果他們兩個人事先協調一下，同意彼此互相信任，在法庭上同時拒絕認罪，則結果可以比兩個人單獨追求個人利益最大化的結果為佳，顯然同時不認罪才是他們最適當的選擇。由於A和B都是理性利己者，A不可能要求B在法庭上不認罪，然後自己選擇認罪，以達成對他最有利的結果；同樣的，B也不可能期待A犧牲自己，讓他少坐幾年牢。也就是說，對兩個理性利己的人而言，個人的最佳情境（判一年刑）不可能實現，因為這種情境必須建立在對方的非理性考慮，但是這和假設不符。因此，A和B只有透過合作、互信，才能達成次佳的結果，所以合作顯然是合乎彼此的利益，而在此的合作行為就是類比實際生活中的道德表現。

在這個模式中A和B各自追求自己最大利益的結果是各關十年，這種情形類似霍布士的自然狀態，而採取合作的方式則可以只關三年，這類似上述的社會狀態。因此這個模式證明：建立起道德規範的社會狀態，比理性利己者單獨追求利益的自然狀態更為有利。

有人可能會質疑說：這兩個人的合作是建立在說謊之上，所以他們的合作怎麼會是道德的行為？這樣的質疑是對這個模式有些誤解，這個模式的前提是：在他們兩個人合作以前，並不存在道德問題，也就是說在自然狀態中沒有道德上對或錯的問題，只要你喜歡，任何行為都可以做。只有當兩個人願意合作，合作的條件才成為道德的內容，換句話說，A和B合作以後，才產生道德問題，遵守合作契約的規定是道德行為，而違反契約就是不道德。

如果用哲學上的術語來說，「囚犯兩難」模式是對道德起源的一種思考性實驗(thought experiment)，意思是說：雖然我們不知道人類一開始如何產生道德，但我們可以用「想像」的方式，來推想道德是如何產生，而這個模式被許多哲學家認為是模擬道德如何產生的一個適當方法。

搭便車者(free rider)不是更棒？

霍布士似乎證明：對理性利己者而言，遵守道德比較有利。但是精明一點的人會發現，這樣的結論好像不太對勁，因為在日常生活中，有道德的人總是比較吃虧。譬如：一個有道德的人雖然自己很累，在公車上遇到老弱婦孺卻要讓座；在路上撿到錢要交給警察；在路上開車遵守交通規則的人，往往最晚到家；約會守時的人永遠要浪費很多時間等別人；老實人容易被騙，而騙人的人反而可以佔到便宜。生活中太多的例子可以證明，遵守道德反而不利，因此霍布士的結論似乎違反常情。

精明的利己者會這樣盤算：「如果一個是有道德的社會、另一個是沒有道德的社會，我當然會選擇有道德的社會，因為這樣的社會對我比較有利。但是在一個有道德的社會中，並不是永遠遵守道德對我是有利的，最好是其他人都遵守道德，而我要不要遵守道德則視狀況而定，遵守道德有利時遵守，違反道德有利時就違反。」也就是說，如果能同時享受道德社會的好處，又能佔別人遵守道德的便宜，做一個搭便車者顯然對精明的利己者是最有利的。

但問題是，如果一個社會搭便車者越來越多，人的互信基礎會減低，人們從事道德行為的風險就會增加，因此信守道德的意願也會降低，而維護個人安全的成本也會增加。譬如：台灣社會目前功利價值觀盛行，腐蝕舊有的倫理道德，各類犯罪層出不窮，以詐騙事件為例，造成大家人心惶惶，幾乎不敢相信陌生人。現在即使輕而易舉的幫助別人，也害怕因此受騙上當。這樣的結果是人和人的互信基礎遭到侵蝕，所以合作的意願減少，養成「各人自掃門前雪、休管他人瓦上霜」的心態；而且敵意增加，因此都會區的居民，幾乎家家戶戶需要鐵窗或保全。如果這種趨勢持續惡化，維繫人們合作的道德越來越喪失它的規範力量，就是逐漸走向霍布士的自然狀態。如果下一代還要在這裡繼續生存，這樣的發展難道合乎理性利己者的利益？

人最需要的是人，而不是名利

有些人可能還是會反駁說：「我只要自己過得好，別人的死活與我無關。在功利現實的社會，有道德的人總是比較吃虧。只要不被抓到，能撈就撈，我才不管道德。」這應該是當前台灣社會很普遍的想法，但是這種想法似是而非，因為它完全忽略構成人類幸福的一個重要的元素：人。

人其實最需要的是人而不是金錢或名位。人需要人的幫助，因為沒有人可以一輩子完全不需要他人協助；人需要人的關懷，每一個人雖然都是獨立的個體，卻也有一顆孤寂的心靈，常常需要別人的關懷和安慰；人需要人的尊重，每一個人都希望自己是重要的，而自我肯定的根源其實是來自別人的肯定。但是人要如何得到別人真心的協助、關懷、尊重和肯定？自私自利的人只會使別人遠離，只有道德和品格的力量才能拉近人們心靈的距離，使人們在患難中相互扶持、悲苦中分憂解勞、成就中分享喜悅。道德對幸福人生其實具有積極的貢獻，這一點需要進一步說明。下一章我們將從另一個面向，進一步闡釋道德的積極意義。

享樂主義的矛盾

大多數人都認為，有錢不一定幸福，但是沒錢一定不幸福，所以追求金錢財富似乎是幸福生活的必要條件。二〇〇六年七月出版的第五〇〇期《今周刊》，封面故事是針對國人幸福和財富的調查。調查發現：幸福的人把家庭擺第一，財富擺第三，而不幸福的人卻把財富擺第一，家庭擺第三；對投資報酬率期望越高的人，反而越不幸福；財富無法帶來幸福快樂，幸福快樂的人反而容易帶來財富。

週刊上也寫了一則有趣的寓言，描述幸福和財富之間這種弔詭的關係。

有一隻小狗問媽媽：「什麼是幸福？」媽媽回答說：「幸福就是你的尾巴！」小狗聽了以後心想：「幸福是我的尾巴，那太簡單了！」於是牠追著自己的尾巴尋找幸福，結果牠追得團團轉，卻找不到幸福。於是再問牠媽媽：「為什麼我追不到幸福？」媽媽回答說：「你別追著你的尾巴跑，這樣永遠也追不到，幸福既然是你的尾巴，只要你昂首闊步向前走，幸福就會跟著你！」

享樂主義(hedonism)認為，人世間唯一值得追求的東西就是快樂或幸福，雖然在實際生活中人們會追求金錢、名位、權力、榮耀、健康等其他東西，但是這些東西都是實現快樂和幸福的手段或工。譬如：人們想要獲得更多的錢財，因為金錢可以讓人們購買美食、豪宅、各種享受，以滿足自己的欲望，使自己過得比較舒適和滿意。所以金錢只是人們達成快樂或幸福的一種工具，沒有人只是為了愛錢而想得到錢。健康也是人們追求的一種價值，唯有健康才有幸福人生，所以健康也是實現幸福的一種工具。如果只有健康，但是卻一貧如洗，甚至負債累累，顯然也不可能擁有幸福生活。

如果不從嚴格的哲學批判，享樂主義的基本主張應該具有相當大的說服力，因為一般人在日常生活中所作所為，確實都是設法趨樂避苦、趨吉避凶、趨利避害，因此追求一個苦少樂多的幸福生活，應該是一般人的最終目標。但是我們應該如何追求快樂？如果沒有人只為了錢而賺錢，如果快樂和幸福是我們的最終目的，而不只是一種工具，那我們是不是就應該為了快樂而追求快樂？事實不然，為了得到快樂而追求快樂的人，結果反而得不到快樂，這就是哲學上有名的享樂主義的矛盾（the paradox of hedonism）。

忘了快樂反而快樂

如果朋友邀你週末一起去登山，你回答他說：「爬山累死人了，我不喜歡登山，我要快樂。」朋友問你要不要去打球，你拒絕他，因為打球不但耗費體力，而且容易受傷，你要的是快樂；朋友邀請你加入一個寫作性的社團，你表示對寫作沒有興趣，你只對得到快樂有興趣；朋友請你陪他下棋，你認為下棋會有輸贏，輸了會不舒服，贏了雖然會感到喜悅，但是要贏必須絞盡腦汁，這個過程並不快樂，所以你不要下棋，你只要快樂。總之你不要散步、不要工作、不要從事任何快樂以外的事，因為你只要快樂。根據享樂主義的矛盾，這樣的你，一心一意只在乎快樂，而對任何其他行為都沒有興趣，結果一定得不到快樂。

你可能會反駁說：「雖然我不要登山、不要下棋、不要參加社團活動、不要運動、不要工作，因為這些活動都不是快樂，但是我喜歡吃大餐，因為好吃的東西會讓我快樂；我喜歡縱情聲色，因為它會令我快樂，所以我不是什麼事都不做，而是我只做那些會直接產生快樂的事。」

然而從事直接產生快樂的行為，最後的結果並不一定是快樂，吃太多美食會造成心血管疾病、痛風、營養不均；縱情聲色會影響身體健康、危及幸福；吸毒酗酒都是滿足感官立即的快感，但通常反而會埋葬人們一生的幸福。相反的，有許多的快樂常常在你沒有預期的狀態下出現，譬如：一位專注於解決一個數學難題的人，基於好奇心和興趣，他可能被這樣的題目困擾一生。因為他可能一輩子都為找不出答案而苦惱，所以他投入解題的最初動機並不是為了快樂。但是一旦破解這個難題，他心中的快樂絕對是不言而喻的。又譬如：整天埋首於實驗室的科學家，他知道自己的辛勤不一定能得到結果，所以很少科學家是基於追求快樂而努力工作，但是當他在突然間有突破性的發現時，這種突如其來的喜悅一定令他終生難忘。

享樂主義的矛盾其實包含兩層意義：一、快樂往往在從事其他行為時伴隨產生，譬如：登山、下棋、運動、科學實驗的直接目的雖然不是快樂，也很少人在從事這些活動時先考慮快樂，但是快樂往往會伴隨這些活動而產生；二、忘了快樂反而比較容易得到快樂，快樂常常在你不知不覺的時候降臨。

享樂主義的矛盾對道德的啟示

一個人如果為了追求快樂而考慮道德，往往會發現做一個合乎道德要求的人比較吃虧。就像上一章所描述的，一個理性利己的人把道德當成只是追求個人利益的工具，所以不一定永遠遵守道德才是最有利的，因為這種意義的道德是一種外在的束縛、限制和壓力，因此能躲開道德制裁的不道德行為，才是對理性利己者最有利的。

可是享樂主義的矛盾給我們一個重要的啟示：道德可不可能也像登山、下棋、運動、科學實驗一樣，你必須忘了快樂或利益而去從事它們，才會產生意想不到的快樂？俗話所謂「為善最樂」應該就是這個道理。一個人如果為了快樂去做善事，往往會發現付出和獲得不成比例，合乎道德要求的行為常常付出很多、回饋有限，因此如果你考慮的只是個人利益或快樂，似乎很難因為行善而得到快樂；相反的，如果一個人只是為了行善而完全沒有期待回報，可能反而得到相當大的快樂。

因此學者認為，要成功地勸告人們遵守道德，不能只從消極意義出發，一味強調如果違反道德會受到如何的懲罰。這會形成一種思考模式，就是把擔心受到懲罰當成遵守道德的唯一理由，這種對道德的理解方式，在一個人擁有類似隱形戒指的情境時，他當然會違反道德。因此一個成功的道德教化，不只要強調道德的懲戒功能，更應該強化道德的積極意義。

如果道德只是一種外在制裁，我們還需要強有力的懲戒機制。譬如：台灣兩千三百萬人，我們可能需要一千萬名警察，才能保證所有人都不亂丟垃圾，而且警察裡面要有五百萬監督另外五百萬，因為警察也會亂丟垃圾。更嚴重的是，如果一個人處在接近隱形戒指的情境（譬如：在四下無人的情況，看到孩童溺水卻置之不理），再多的外在制裁力量似乎也無法發生作用。因此成功的道德教化必須使道德變成一種內在制裁。

根據倫理學家的論述，內在制裁有兩種：一種是消極的，一種是積極的。所謂消極的內在制裁是指一個人如果違反道德，會感到良心不安。如果道德內化成一種自我制裁，則我們不需要強大的懲戒機制，也可以使人們遵守道德的要求，因為背離道德的人會受到良心的折磨。但是如果面對的利益太大，有些人可能會昧著良心去幹不道德的勾當，所以即使是這樣的內在制裁，仍然建立在「懲罰」的概念之上。然而道德不只如此，所謂積極面的內在制裁，就是指人們從事道德行為之後會得到心靈的喜悅。

「助人為快樂之本」是寫作文用的口號？

二○○五年十月二十二日清晨，一位家住中壢的建中學生因為段考不理想，選擇在中壢火車站附近的大樓跳樓自殺，從他留下的遺言表示，如果當時他留在桃園的武陵高中就讀，也許就不會這麼不快樂。建中學生的自殺事件其實已經不是新鮮事，二○○一年三月二十六日一位住在石牌的建中數理資優生，以童軍繩縛套頸部，懸吊在自宅四樓窗外自縊身亡。這位學生的父親是馬英九市長建中的同班同學，馬市長特別去他家拜訪。馬市長在外面演講時常提到，這位學生不但是數理資優，而且在其他方面也比同年齡的同學成熟，別的同學每個禮拜的週記只能寫短短的八百字，他可以寫八千字。段考不如理想，選擇自殺；功課特優，也選擇自殺，進入全台灣人人稱羨的明星學校，為什麼他們並不快樂？

上課和學生談到資優生自殺問題，我會告訴學生，如果下次出現自殺念頭，請記住我以下講的話：「既然你命不要了，把它交給我，我會把它送到台大安寧病房當志工，即使這樣操勞而死都比自殺有意義。更何況如果你在安寧病房為別人的苦痛分憂解勞，你對生命價值一定會有不同的體會。」

是的，幫助別人常常會令人產生意想不到的喜悅，幫助別人也會讓你發現原來自己活著是有價值的，而你有可能因此體悟到：原來活著的價值是來自於自己對別人是有用的。所以「助人為快樂之本」其實不是一句拿來寫作文用的口號，它是從實際人生中千錘百鍊出來的智慧，只有真正實踐過的人才能感受到其中的真義。因此從事道德行為往往可以產生快樂，而只有真正具有道德經驗的人，才能享受這類的快樂，這就是積極意義的內在制裁。

《今周刊》五〇〇期訪問社交名人何麗玲時，她表示：「一億或十億元的生活，對我而言，其實都是一樣的。」她認為財富達到一定程度，邊際效用就遞減，而感恩和分享是她幸福的來源。她和幾個朋友捐錢幫助一些需要幫助的家庭，對於自己這樣的作法，她說：「五萬元我只能買一樣東西，卻可以幫助十個家庭，每當我去拜訪這些家庭後，在回程的車上，心裡總是充滿了幸福。」獨樂樂不如眾樂樂，其實就是這個道理。道德確實可以對幸福人生有所貢獻。

財富名位會令人羨慕，但不會令人尊敬，令人羨慕是因為高人一等，令人尊敬則是活在人們心中。一個擁有品格和道德的人，才可能成為別人尊敬的對象；一個贏得別人尊敬的人，活得才有尊嚴和價值；而活得有尊嚴，是幸福人生的重要元素。誰說不道德比較接近快樂？

柏拉圖在《理想國》裡面，對最不道德者的生活有一段描述，他說這種人喜歡奢華、狂歡和性，整個生命都沉浸在逸樂當中，而且欲望不斷膨脹、日夜追求滿足，為了達到這個目的，必須盡情擄掠：盜取財產、綁票、搶劫，無惡不作。但是柏拉圖認為這種人也是最悲慘和最不幸福的人，因為他們淹沒於恐懼和欲望之中，必須經常擔心那些被他們迫害的人的反叛和攻擊，所以自己反而成了奴隸：不敢外出旅行、不敢參加節慶，只能躲在家裡，沒有朋友、不被信任，恐懼和不安盤據他們的心靈。

在現實生活中許多殺人越貨的逃犯，只能在人煙稀少的山區東躲西藏，不論黑夜或白天都是提心吊膽，這樣的人快樂嗎？

人和衣冠禽獸有何差別？

德國哲學家康德(Immanuel Kant, 1724-1804)就把實踐道德視為人最重要的特性，他認為人之所以為人、人之所以具有價值和尊嚴，最主要的原因就是人能從事道德行為。「人」是什麼？根據康德的說法，我們可以從兩個面向加以理解：現象界(phenomenal world)和理智界(noumenal world)。

如果從現象界來看，人和其他一般動物並沒有太大差別。現象界最重要的指導原則就是因果法則，人和其他自然物都會受到因果法則的決定。譬如：即使貴為總統，不吃飯肚子也會餓、從高樓掉下來也會摔死，因為消化原理和地心引力不會因為這個人是「總統」，而產生差別待遇。

沒有人能決定自己的智商、省籍、膚色、出身背景，這些都是被因果法則決定的。你現在長成這個樣子，不論喜不喜歡也很難改變，也許你可能用美容改變自己的外貌，但是如果妳生下來就是美人胚，不就不必承受美容的風險嗎?可惜的是你無法決定你的出生，因為這一切都是因果循環使然，不被人的主觀意願所左右。所以如果一個人因為長得很帥或很聰明而驕傲，這種心態是可笑的，該驕傲的可能是上帝(如果人真的是上帝創造的)，因為他對於自己的外貌和智力根本沒有任何貢獻。

因果法則適用於任何自然物，人作為自然界的一部分，無法逃避物理和因果法則的限制。從這個層面來看，人和動物都是大自然中的一部分，任由大自然偶然因果的擺布，人沒有特別尊貴之處，所以也沒有什麼尊嚴可言，譬如：一個餓了三天的人，不論他是什麼身分，為了活命，都會撿起地上羞辱的施捨，塞進嘴裡。因此在因果法則的主導下，人既不自由又不尊貴，人和其他動物唯一的差別是：人是聰明的動物。

但是如果從理智界來看人，由於人具有理性（康德的理性在實踐面相當接近中國人所謂的良心），所以是自由的。人的行為如果依據理性行事就是道德，實踐道德行為就是展現人的自由，而人的自由展現在：一個人明明知道從事某一個行為對自己不利，但是仍然去做。能夠對抗這種利己自然本性的，就是良心，依良心而行動就是道德。所以康德認為道德行為就是人的內在良心的展現，因此道德戒律是內在的自我約束，而不是外在的規範。

「趨利避害」如果是動物性的本能，「捨身取義」的道德作為則是違反人的動物性本能的行為。從事違反自然本能的自願性行為，展現的就是人的自由決定，也是人之所以為人的特質。由於良心是人之所以為人的獨特本質，所以從事道德行為才是人之所以為人的特點，這也是人的尊嚴之所繫。根據康德這樣的論點，一個人如果完全違反良心理性行事，就是放棄人的特點，就成為外表是人、行為舉止類似動物的「衣冠禽獸」。對康德而言，道德是一個人是不是夠格稱為「人」的標準，所以道德本身就具有內在的價值。

俗話裡常常罵那些無惡不作、極端不道德的人是「衣冠禽獸」或甚至「禽獸不如」，就是因為這些人的外表雖然長得人模人樣，但是所作所為卻違反作為一個人應該有的特質，可見我們的俗話中其實隱含著康德的道德觀點。當然我們不會把道德上有瑕疵的人都稱為「衣冠禽獸」，因為我們不可能用「聖人」標準要求所有的人，但是如果一個人經常違反道德要求，或者違反嚴重的道德戒律(譬如：濫殺無辜)，那麼他距離「衣冠禽獸」就越來越近。

因此自私自利的心態雖然是人性的基本特質，但是根據康德的觀點，這是人的「獸性」部分，而道德良心才是「人性」部分。所以一個人如果每天只會盤算如何對自己有利，而完全不考慮道德的要求，我們可以說這種人是一隻聰明的「動物」。你要離「人」近一點，享有人的尊嚴，還是要比較接近「衣冠禽獸」？一切完全由你的良心決定！

只要法律，何必道德？

二〇〇六年五月總統女婿涉嫌台開內線交易案，這個案子就像是一枚炸彈，引爆第一家庭和民進黨的政治危機，也引爆社會對道德、品格和教養的深層思考。

五、六月間，報章雜誌出現有關醫德的討論，如雨後春筍。有人認為身為總統女婿、台大醫師卻涉嫌該案，是家教出了問題；而比較多的人是從社會唯利是圖的主流價值觀、學校道德教育的形式化和空洞化、家庭教養付之闕如的角度，對社會整體進行全面性的反省和思考。不論從哪個角度切入，大多數人在這個事件中所得到的結論，基本上都肯定道德教化的重要性。

最另類的是一位台大畢業的劉沛昌醫師的投書（發表於二〇〇六年五月二十八日「中國時報」的『時論廣場』），篇名是〈什麼社會，什麼醫師〉），基本上他認為以重視醫生人格教育的方式，並不能改變醫德淪喪的現狀，他在投書中提到，大六修習「醫學倫理學」這門課時，每次上課都是小貓兩、三隻，而且醫學系本身從大一開始就要求必修哲學概論、醫學心理學、家庭醫學、社會醫學等通識課程，「然而就如同談教養一般，毫無成效」。

劉醫師對於醫德缺乏的問題，提出兩個作法：一、停止強調「教養」這種教條性的東西，因為對於新世代，即使大力鼓吹，也沒有人會產生學習的興致，所以不如強調「違法」的嚴重性和後果。他以美國醫學院為例，其是以大量的法律課程代替品格課程。二、如歐盟和美國一樣，在醫師考試時倫理學內容佔很高比例的分數。

最後他舉香港為例，指出香港醫管局訂定法律，對當地醫師品德的要求一絲不苟，而且嚴格執法，絕不寬貸，因此他認為「嚴格的法律和執行法律的決心，才能培養出民眾真正的是非道德感」。他也認為，台開案是台灣社會整個風氣敗壞的結果，純粹歸罪於醫師品格教育不足，並不公平。

誰來教道德？

我曾經在醫學系上過幾年的「哲學概論」。這門課在台大以往是很多系指定的必修課，但是自從課程自主以後，大部分的系都把這門必修課取消，只剩下兩、三個系還要求學生必修，醫學系是其中之一，因此我可以證明劉醫師的所言非假，醫學系算是台大相當重視學生品格教育的系。但是學生上這些課時興趣缺缺，就可以得到這些課沒有用的結論嗎？如果讀工程的學生必修微積分，不能因為這門課的老師教不好或學生沒有興趣，而取消這門課程；同樣的，如果「醫德重於醫技」、「先是一個好人才可能是一個好醫生」這些想法是社會的共識，當然不能因為學生沒興趣，就否定這些課程存在的必要性。

以和品格教育最相關的「醫學倫理學」為例，從劉醫師的描述，似乎授課的老師並沒有「倫理學」的專業知識，大概是以自己行醫的經驗現身說法，所以學生才會把道德當成教條。目前國內在許多專業領域都開設相關的倫理課程，除了醫學倫理學之外，還有工程倫理、新聞倫理、企業倫理等，但是就我所知，這些課程的授課方式都類似一般的演講，經驗傳授多於學術探討。這種現象顯示國內學術界並不知道「倫理學」也是一門學問，傳統以來它是哲學家探討的重要課題，是哲學系學生最重要的必修課之一。

事實上這些有關應用倫理學的書籍，在西方社會早已是汗牛充棟，基本上是以倫理學的理論為其基礎，所以對這些問題的討論，不只是零星的個人經驗，而需要一定的理論基礎。因此並不是有經驗就可以「教」倫理，就像並不是棒球明星就可以當體育老師一樣，一個人只有經驗而缺乏學理，根本無法成為「學術」界的一員。雖然在道德方面言教不如身教，但是一個從事「教」道德的人，如果對道德問題缺乏系統性的瞭解，無法建立一套完整的論述，道德教育被當成口號和教條是必然的。

這並不是說研究倫理學的人會比沒有研究倫理學的人有道德，正如並不是讀過書的人比沒有讀書的人有道德一樣，學問和品德不一定成正比，趙建銘就是最好的例證。但是研究過倫理學的人比較知道為什麼需要道德、道德存在的價值是什麼、面臨道德兩難時有哪些解方、道德和幸福人生的關係如何等，雖然哲學家對於這些問題並沒有共識，但是瞭解這些問題可能的解答和爭辯，有助於學生對道德問題的深入理解，道德教育自然就不會成為教條。

誰來執法？

只要社會上出現重大事件，譬如：白曉燕命案、邱小妹的人球案、李泰安的搞軌案，大家普遍會想到的解釋就是道德敗壞、人心陷溺，加強「道德」教化變成萬靈丹，但是變成老生常「談」的萬靈丹，其實等於「無用」。在一個道德教養普遍被認為只是喊口號的社會，劉醫師建議用嚴格的法律和執法的決心替代，應該是一個誠摯的呼籲，但問題是：如果執法者沒有道德，怎麼辦？難道先訓練執法者有道德？但是如果道德只是教條，如何保證對執法者的道德教育能成功？如果對執法者的道德教育可以成功，為什麼同樣的教育不能適用於一般人？

社會上應該有相當多的人會同意劉醫師的建議，認為我們應該多重法律、少談道德，尤其在自由社會，道德好像是私領域的事，一個人只要不犯法，有沒有道德、品格好不好，好像是「他家的事」，任何人都沒有權利干涉。但是政府應該怎麼做才叫做重視法律？答案無非是：教導人民守法、執法者嚴格執法，然而這兩件工作都涉及道德。

有一次我和一位法律系老師有些爭辯，他對我說：「你們應該聽我們學法律的人的意見。」我記得當時我的回答是：「你們學法律的如果都守法，台灣的司法界不會這麼黑，知法是常識，守法是道德，懂法律不一定會守法。」很多人認為台灣當前的社會亂象，都是因為只講「民主」而不重「法治」，所以認為當務之急是加強法律教育，好像只要讓大家學習法律，就可以減少違法亂紀的事情發生。尤其現在的大學聯考，台大法律系高居第一類組的第一志願，法律人更顯得無比的驕傲。

長期以來政府的施政一直都是「經濟掛帥」，即使教育政策也都是「唯利是圖」，本來國家從事教育的目的，不應該只是為了要訓練各種職業所需要的「螺絲釘」，而是要培養對人生具有視野、對生命意義有所體悟的未來公民，從而提升整體社會「人」的品質。但是當前我們教育的最高指導原則卻是「市場導向」，大學教育已經完全成為職業訓練所，缺乏就業市場的科系就是不重要。

我常和學生提到，在三十年前我們讀大學的時代，法律系的錄取成績不但遠遠不如商學系、經濟系，也在政治系之後，現在為什麼變成第一志願？是因為自由民主國家需要法律，我們的高中生充滿了建構一個成熟民主社會的理想，所以大家都捨商而從法嗎？答案當然不是，而是因為法律系的「錢」途看好，因為隨著功利價值觀的普及，社會犯罪或違法事件越來越多，法律是一個熱門行業。抱持著同樣的功利心態去唸法律，學法律的人怎麼可能會比一般人守法？

一個有道德、沒讀什麼書的鄉下人，絕對有可能比一位熟知法律、卻缺乏道德感的人，更遵守法律的規定，因為「守法」是一種道德表現。如果法律系只教學生理解法條，而忽略法律責任的道德教化，懂得法律最大的特點可能是：比一般人更懂得如何鑽法律漏洞，這樣的法學教育，最多只能稱為「訟棍教育」。

如果針對全台灣所有犯過法的人進行一項調查，相信其中的百分之九十以上的人，在犯法之前都知道自己的行為是違法的。不知道自己的行為是違法的人，一定是極少數，而且這種人所犯的法，也應該不是太嚴重的事件。換句話說，違法的人缺乏的是道德，而不是法律常識，陳進興不知道殺人綁票是違法嗎？趙玉柱不知道挪用公款是違法嗎？

至於如何使執法者能夠嚴格執法呢？台灣到處都存在司法黃牛，這種人能夠生存，代表執法者不一定會嚴格執法。二〇〇六年七月爆發調查局主任祕書柯尊仁長期收受工程掮客吳長生禮物事件，吳長生因案被檢調搜查前竟能潛逃出境，這中間有沒有執法者故意洩露消息或通風報信呢？也是二〇〇六年七月，檢方經過三個月的偵查，認定前總統府副祕書長陳哲男涉嫌司法黃牛及炒股案，收受新偕中建設公司董事長梁柏薰七百多萬元的政治獻金，具體求刑十二年。陳哲男雖然不是執法者，但是他敢收受金錢介入司法，證明執法者也有可能受到威脅利誘而置社會正義於不顧。

所以劉醫師期待的法治社會是：人民守法、執法者嚴格執法，而人民能夠守法、執法者能夠嚴格執法的前提都是：他們都需要具有相當程度的道德感，「徒法不足以自行」就是這個道理。因此劉醫師希望能用法律取代道德教養，這種論點是對道德的深意缺乏認知，只能說是一種如意算盤（wishful thinking）。

歐美不重視道德教化？

其實劉醫師的兩個建議是相互矛盾的，他一方面希望停止強調「教養」，一方面又要學習歐美在醫師考試加重倫理內容，如果不進行道德教化工作，醫師考試又要加考倫理內容，考生對這類的問題應該如何回答？改考卷的人又用何種標準打分數？如果考生和閱卷者的道德觀不一樣，誰的才算對？還是根本就沒有誰對誰錯的問題？如果道德問題有對錯，那為什麼不先教正確答案，然後才考試？如果沒有對錯，那考試的意義何在？評分的客觀依據是什麼？最後會不會變成只是一種作文比賽？

如果對這些問題深一層思考，就會發現劉醫師對倫理道德的看法過於簡略。西方社會並不是不從事「教養」工作，道德修養如果不能透過教育完成，難道真的依賴「人性本善」，所以不必教導，人的行為「自然」就會合乎道德？我在美國攻讀博士學位時，曾經當過四年的教學助理（teaching assistant），剛開始我是擔任一門叫「哲學與人性」課程的助理，工作內容是帶領學生進行討論，因為這個課每年大約有四、五百位學生選修，教授進行每週兩小時的大班上課，另外兩小時的分組教學，則將四、五百人分成二、三十個小班，由教學助理負責討論。為什麼這樣的課會有這麼多學生選修？因為不論你未來選的專業科系是什麼，學校規定任何一個大學畢業生都必修一定學分的一般課程，哲學系開授的「哲學與人性」就是必修學分之一。你能說美國大學不重視「教養」嗎？

台灣大部分到國外讀書的人，幾乎都是直接進入研究所就讀，不太知道歐美大學生必修的學分是什麼，所以對於它們的通識教育所知有限。我在美國不只帶過討論課，後來更像一名大學講師一樣，獨自承擔一門「道德推理」的課。這些課程學生的來源，並不是都以哲學作為主修的學生，可見美國的大學教育並不輕忽做人處事的學問。

再以我比較熟悉的美國為例，美國的醫學和法律都是學士後的課程，通常在大學部成績頂尖的人，才進得了醫學院或法學院，美國人認為醫學和法律都是特殊的職業，大學教育的目的並不是只為了就業，一個人只有受過充分、完整的教育、孕育成熟的心靈之後，才比較適合選擇確定的職業。根據當代哲學家戴格(Richard Dagger)的說法，教育(education)和訓練(training)是不同的，教育的目的是為人們的一生做準備(to prepare people for life)，而訓練的目的則是為人們一個特定職業或活動做準備(to prepare people for a specific career or activity)，因此美國大學教育的內容是一種全人的教育。大學生不論將來要主修哪一個領域、畢業後從事什麼樣的行業，必須修習相當多的通識課程，以滿足一般學分的要求。(如果用這個標準來看，我們現在的教育幾乎只能算是一種訓練，我們的大學只是一個高級職業訓練所。)

以美國東、西岸兩所著名的私立大學，哈佛大學(Harvard University)和史丹福大學(Stanford University)為例。哈佛大學在最近幾年重新修訂大學部學生的共同必修科，把原來的通識教育計畫(general education program)改變成核心課程(core curriculum)，規定每一個學生在畢業課程中，將近四分之一的課程必須修習核心課程。核心課程分為七大領域：外國文化、歷史研究、文學和藝術、道德推理、量化推理、科學、社會分析。其中對於為何要修習道德推理這個領域的理由是：給予學生在道德和倫理問題上批判性思考的練習，檢視學生自己的道德假設，以及客觀地判斷許多傳統的倫理思想和實作。

史丹福大學仍然將除了語言、寫作以外的一般必修科稱為通識教育。根據該大學網站的敘述，通識教育的目的是：一、引介廣泛的研究領域；二、幫助學生將來成為社會負責任之成員做準備。所以史丹福大學把主修科目的重點放在知識的深度，而通識教育的目標則是知識的廣度。二〇〇四—〇五年的秋季班史丹福大學修正大學部通識課程要求，這個修正的目的之一就是在課程中提供倫理推理的課程，目的是幫助學生認知到：倫理推理和價值判斷普遍滲透到課程之中。新的通識課程架構分三部分：一、人文導論；二、學科廣度；三、公民教育（education for citizenship），其中為未來公民做準備的這個部分有四個主題：倫理推理、全球社群、美國文化、性別研究。

所以不論哈佛大學或史丹福大學，道德推理都是重要的通識教育領域之一，其目的是為了培養將來社會合格、負責的公民。

「沒有違法」就夠好了嗎？

二〇〇六年六月二十七日「罷免總統案」未達三分之二同意，在立法院遭到否決。民進黨的立委選擇集體缺席的方式，表達他們對這個案子的看法。從媒體報導得知，民進黨立委反對罷免案的原因是：並沒有明顯的證據證明陳水扁總統或夫人涉及不法，對於國家元首的要求，好像只要沒有違法就夠了，但是如果和民調數據對照，似乎多數的人民不能同意這樣的看法。

多數人民支持罷免總統或陳水扁總統自動請辭，理由不是因為他違法，而是第一家庭在道德上有嚴重的瑕疵，領導者的誠信和威信受到普遍質疑。為什麼並沒有證據顯示總統違法，而多數人民卻還是希望他下台？道理很簡單，「沒有違法」並不一定能滿足一般人的道德期待。譬如：一個三歲小孩掉到水溝裡即將溺斃，雖然對你而言只是舉手之勞，但是你不但不救他，而且拿出手機拍下他垂死掙扎的模樣，這樣做並沒有違法；在捷運車廂中剛上來一位大腹便便的孕婦，她就站在你面前，你趕快閉起眼睛裝睡著，這樣做也沒有違法；一個老太婆正在過馬路，不小心跌了一跤，只有你一個人經過她身旁，結果你正眼也沒瞧她一下就走開了，這樣做更沒有違法。但是如果遇到小孩溺水卻見死不救；孕婦搭捷運沒人讓座；老太婆跌倒沒人扶她，這是一個好社會嗎？這樣的社會不會令你心寒嗎？你會希望活在這樣的社會嗎？

「沒有違法」有時候只是最低的道德要求，你會跟你的朋友炫耀這輩子到現在還沒犯過謀殺罪嗎？有時候法律本身可能違反社會正義，必須用道德的標準加以糾正。所以一個美好的社會不能只講法律，人世間會讓人感動的事物，往往和道德相關，每次社會發生重大災難，慈濟功德會的志工投入救災，已經是大家耳熟能詳的事，舉一個較不為人知的真實故事。

民國八十八年的九二一地震奪走了無數生命，造成許多家庭家破人亡，很多人在這種巨變陰影的煎熬下，萬念俱灰。據報紙的報導，當時南投縣國姓鄉平均一個星期就有一個人自殺，台中有一對夫婦開設空手道館，看到這則新聞之後，立即結束台中的道館，到國姓鄉重新開館，專門收容那些流離失所，已經淪落為社會邊緣人的青少年。除了教導他們空手道之外，也輔導他們讀書就學，並免費提供吃住，甚至資助他們出國訓練。不但因此培養出許多國手級的選手，也使許多對生存茫然、誤入歧途的年輕人走回正途，消弭許多潛在的社會問題於無形，而他們的作為，幾乎耗盡一生所有的積蓄。

其實我們的社會在許多角落，仍然存在許多令人感動的故事，「沒有違法」並不會感人，只有人格品德才具有驚天地泣鬼神的力量。其實「法律」最多只能阻止社會變得更壞，但不足以使社會變得更好。

法律和道德的關係

道德和法律常會產生混淆，有些人認為道德就是法律，但是事實不然。雖然法律對行為規範的目的和功能和道德一樣，都是為了改善人類的生活情境、解決利益的衝突、導引人際合作、促進社會和諧，但是這兩者之間仍有不同，我們至少可以從以下幾點加以區別：

合法不一定合乎道德：

有些經由正當程序通過有效的法律，有時候可能被認為是不道德的，二〇〇五年七月名模林志玲在大連騎馬摔傷，引發健保費爭論就是最好的案例。根據我國現行的健保法，一個沒有加入職業工會，也沒有一定雇主的勞動者，是以第六類的被保險人納保(榮民、榮眷、失業者等都屬於第六類被保險人)，這類被保險人的保費是每月六〇四元。由於林志玲合乎第六類被保險人的規定，所以儘管其年收入三、四千萬，每月的健保費仍然是六〇四元，所以林志玲所繳的保費是合法的。但是如果健保的精神是依收入比例分擔的原則，則現行健保法的規定顯然是不正義的。

法律不禁止的不一定合乎道德：

這點在上面已經提過，譬如：遇見小孩被車子輾傷袖手旁觀；在郊外碰到一位被歹徒凌虐的婦人攔車，卻加速離去、見死不救。上述行為都沒有違反法律，但是這類的行為顯然不合乎道德。此外許多不道德的行為雖然會受到法律的管轄，但是法律卻無法涵蓋所有這類的行為，譬如說謊是不道德的，儘管法律會制裁某些說謊行為，但是大部分的說謊並不會受到法律的制裁，爾詐我虞的商場策略法律不加以約束、約會遲到以塞車為藉口和法律毫無關係、丈夫瞞著妻子在外面喝花酒也不屬於法律管轄的範圍。一個吝嗇、卑鄙、自私的小人，即使拔一毛而利天下而不為，但他卻可以完全不受任何法律的制裁。一個從來沒有違反過法律規定的人，其人品不一定值得肯定。

法律所禁止的行為不一定是不道德：

法律規定主要是維持社會運作的順暢，因此有些規定和道德無關，譬如除非有特別路況的十字路口，否則在美國社會大部分路口紅燈時可以右轉，而我們的交通規定正好相反，除非特別允許，否則紅燈不能右轉，但是紅燈是否可以右轉無關道德。此外我們的交通法規規定車子要走右線，如果開左線就是違規行駛，要受到法律的懲罰，但是車子開右邊或左邊只是維護社會秩序的方便措施，這類的行為本身無關道德，所以車子開左邊在我們社會要受罰，在英國和日本則完全合法。

違反法律和道德時制裁方式不同：

政府是執行法律的單位，違法者要受到政府公權力有形的制裁；而道德則訴諸於個人良心，違反道德不會受到公權力的制裁，而是受到社會大眾輿論無形的譴責。當然有些人雖然違法而沒有受到制裁，也會產生良心不安的問題，如果被他人知道，也可能引發他人的指責，這是因為有些法律規定本身涉及重大的道德缺失，所以違法的行為也會產生無形的譴責，但是無論如何，不涉及違法的不道德行為，卻不會受到有形的制裁。

法律可以防止權力腐化嗎？

很多人對民進黨執政以後的表現頗為失望，我反而會安慰他們說：「民進黨執政至少有一個好處，那就是人民終於認清政客原來是不分黨派的，所以過去用藍綠分辨政治人物的好壞，是一種幼稚的方法。」這其實就是「權力使人腐化」的道理，其實人性的貪婪和權力的腐化都不是新鮮事，自從有人類社會以來，這樣的劇情時常上演，但是我們雖然知道權力會讓人腐化，卻不能接受現實中被腐化的政客。

如果我們承認人心是貪婪的，卻又不能接受權力腐化真正發生，那麼我們就必須深一層反省：如何使權力擁有者具有抗拒貪腐的心理防線？民主政治避免濫權最簡單的方法是制度面的「監督制衡」，但是西方的政治哲學家在一九九〇年代就發現，制度面的防弊是不足的，更重要的是培養社會成員具有公共精神和道德，也就是說即使建立一套良好的法令制度，也不可能完全防止腐化。

其實權力能使人腐化，關鍵在於人性具有可以被權力腐化的特質，人性的私心就是權力腐化最佳的土壤，「私」幾乎是人類一切罪惡的根源，而「私」卻是深藏人心最難根絕的特性。當然「私」有時候也是人類動力的來源，然而過度的擴張會使人類的處境惡化，因此適度抑制「私」的根性，才可能建立一個良善、正義、關懷的美好社會。對抗私心就是道德存在的目的，一個道德情操高尚的人，有權力也不會腐化，窮困也不會被金錢收買。相反的，一個品德低劣的人，面對法律時，第一個念頭就是「漏洞在哪裡？」再好的法律也是無濟於事。

第一家庭事件成為電視談話性節目的主菜，我每次參加這類節目，在批判之餘都會強調道德教育的重要，希望喚起與談者從正面思考。然而與談者的回應幾乎都是：「教育太慢了，緩不濟急。」其實這種心態印證社會最普遍的價值觀：「急功近利」，這種價值觀以及那些幸災樂禍等待執政的藍營人士，和社會流行的價值觀在本質上並沒有差別。每次都以「緩不濟急」為藉口的人，難道沒有意識到：說了數十年的「緩不濟急」，永遠都不採取行動，這難道不是一種諷刺？

道德不只攸關生命價值和意義，也是抗拒貪腐的良方，所以道德問題是一個嚴肅和深刻的課題，但是談論道德也需要專業，以後想要談道德的人，應該聽一下哲學家的講法，因為你們銷售道德的方式，可能是人們將道德看成廉價品的原因。總之，法律不可能取代道德，一個只有法律而沒有道德的社會，將是一個冷血無情的社會，這不可能是我們期待的社會。

他山之石

香港在一九六〇年代隨著經濟快速成長，造成公共部門極為嚴重的貪腐事件。根據報導，那時候的貪腐風氣呈現在各種公共服務方面，不僅申請證照需要金錢打點，即使十萬火急的救火、救人，也需要「黑錢」先行，才能得到公共部門的服務。譬如火災發生時，消防員打開水喉（水龍頭）取水，要索取「開喉費」；如果有家人就醫，救護人員接送病人入院前，會向病人或家屬索取「茶錢」；住進醫院以後，還必須用錢「打賞」醫院的護理人員，才能取得開水和便盆等物品，其他如申請入學、街頭攤販，也是「有錢好辦事」。

那時候香港的貪腐已經成為生活的一部分，許多警務人員腳跨黑白兩道，公然包娼、包賭、販毒，整個公共部門的貪腐極為普遍。據報導，有一位名叫Ernest Hunt的警司，在一九五四至一九七三的十九年警察生涯中，靠貪腐累積了五百萬的港幣。他在入獄時說：「貪污在香港警察隊伍中是一種生活方式，就像晚上睡覺、白天起床刷牙一樣自然。」

嚴重的貪腐造成民怨沸騰，一九七三年六月八日被警務處反貪污部門調查兩年之久的英籍總警司潛逃回英國，終於引爆人民的怒火，成千上萬的香港居民和學生走上街頭，進行大規模示威遊行，最後港督在輿論的壓力下，於一九七四年二月成立一個獨立於警察部門的反貪污機構，這就是有名的「廉政公署」（Independent Commission Against Corruption, 簡稱ICAC）。廉政公署運作三十多年來，香港公共部門幾乎已經達到「零貪污」的境界。

廉政公署為何可以成功？除了權力龐大、獨立，法令規章齊備之外，我認為最重要有兩個關鍵：一、主事者的廉潔度備受肯定。當時港督任用的第一任廉政專員，是公認為官清廉的英國人姬達(Jack Cater,1922-2006）。也就是說執行反貪污的執法者是道德品格高尚的人，只有這樣的人主事才可能嚴格執法，甚至曾經發生和警察部門爆發嚴重的衝突，仍然堅守肅貪的決心。二、重視道德教育。廉政公署主要分為三大部門：負責調查貪污案件的執行處、負責預防貪污的防止貪污處以及專門負責反貪污宣傳教育的社區關係處。這三個部門顯示廉政公署同時重視懲治、預防和教育，其中社區關係處所從事的宣傳教育，才是治本之道。

執行處的工作對象是已經發生貪污事件的當事人，防止貪污處則是從制度面堵塞貪腐可能的漏洞，這些都是治標，而社區關係處的工作則是曠日費時卻最為根本的道德教育，其目的是希望在整個香港社會建立誠信道德和廉潔文化。誠如現任的專員黃鴻超先生接受媒體訪問時表示：「建立誠信文化最重要，如果人的貪念不改變，縱有誠信觀念，再好的制度也不行，如果大家都不想貪，這個制度就成功了。當然，這不是一天兩天能夠做成的，需要長遠的工作。」建立香港成為一個「不想貪」的理想社會和文化，也就是建立一個有道德的社會。

因此香港人在一九七〇年代就已經體悟：只有透過道德教化的長久耕耘，才能根本解決貪腐問題，難道聰明的我們，真的天真的以為一個美好的理想社會所需要的條件是：只要法律，不必道德嗎？

自由社會需要什麼樣的品德？
——容忍差異

記得我讀小學的時候，最發燒發熱的電影是「梁山伯與祝英台」。「梁山伯」的角色由凌波小姐反串，而「祝英台」則由樂蒂扮演，當時的街頭巷尾隨時可以聽到電影裡的曲調，也因為這部片子，造成黃梅調風行一時。「梁祝」的故事即使是現代社會的年輕人，應該也都耳熟能詳。片中的情節如果換成現代社會，一定會被斥為荒謬，不只祝英台為了讀書必須女扮男裝，現代人不能接受，她的父母用強迫的方法決定她的婚姻，現代人更不能接受。現代的台灣社會，幾乎很少人敢於挑戰「男女平等」的觀念，而且「自由戀愛」更是天經地義，所謂「父母之命、媒妁之言」之類的觀念，早就成為「迂腐」的代名詞。

古代社會要求女性不能拋頭露面、裹小腳，這樣的道德觀被現代人認為是落伍、歧視女性、不合人性。但是撇開數百年前中國社會的道德觀，就以二、三十年前的台灣社會為例，「男主外、女主內」似乎是社會一般人的共識，在當時的鄉下因「自由戀愛」而結婚的夫妻反而是少數，而且如果男女情侶公然在路上手牽手，會被大多數的目擊者批評為「傷風敗俗」。相對於現代社會的男女關係，包二奶、一夜情、網交、三P等琳琅滿目的濫交、雜交的性關係，不要說用古人的標準，就以台灣社會三十年前的道德標準來看，現代人簡直就是「禽獸」。

道德標準不但會因為時代不同而不同，也會因為社會不同而不同，美國社會直呼父母的名字是正常的，但我們的社會認為這樣對父母不敬；西方社會異性見面用「擁抱」表示善意，在我們的社會如果這樣做，可能會被告「性騷擾」。改編自小說拍過兩次的日本電影「楢山節考」，先後由木下惠介和今村昌平擔任導演，今村昌平的作品在一九八三年得到坎城影展最高榮譽的金棕櫚獎。故事內容是描述日本古代信州的一個貧困的小山村，由於糧食缺乏，所以他們沿襲一個傳統，就是老年人如果到了七十歲，不論身體健康與否，都要被子女揹到山上等死，以免消耗糧食。這樣的行為如果發生在現在的台灣，不但子女會被左鄰右舍和社會大眾痛罵「不孝」，而且也一定會被控告遺棄，遭受法律制裁。

美國有一位非常傑出的女性人類學家潘乃德（Ruth Benedict, 1887-1948），她最著名的作品是《文化模式》（Patterns of Culture），在台灣一般比較熟悉的作品是她的《菊花與劍》（The Chrysanthemum and the Sword），這是一本研究日本民族性的著作。潘乃德一生投入各種文化的研究，尤其是原始民族，她得到的結論是：道德是每一個社會為了調適其生存環境的結果，由於每一個社會的處境不同，所以會產生不同的道德規範，因此道德是相對的。

道德是不是相對的？雖然這個問題在哲學上還有爭議，但是如果我們把時間和空間做一個限制，也就是說如果我們討論局限在「我們的」社會、「現在」的道德規範應該是什麼，應該也必須具有相當程度的共識，否則我們很難建立一個和諧、有秩序的社會。由於我們現在是一個自由、民主、多元的社會，似乎不能因為現在社會的道德出現問題，以為只要「恢復傳統文化、固有道德」就可以解決，事實上目前這樣的社會，如果要求大家回到古代的道德標準，不但不切實際而且也不合時宜，我們需要思考的其實是：一個自由、民主、多元社會的公民，需要什麼樣的品德，才能構成一個美好的社會？

當然這樣說並不是主張：古代的倫理道德和現代完全不同，而是強調每一個時代的特點不同，對品德的看法也會不同。根據當代倫理學者麥肯泰爾(Alasdair MacIntyre, 1929-)的分析，西方傳統對「品德」的主張有幾個特點：一、不同時代的思想家有不同的看法，譬如：荷馬(Homer)認為「體力」，而亞里斯多德認為「智力」是一種品德，這似乎很難被當代人接受。二、不只是不同思想家對德目的看法不同，而且對於哪些德目比較重要，也有不同的優先順序。三、品德和社會秩序的關係也因時代而有所改變，對荷馬而言，人類最卓越的表現就是勇士，所以他認為體力是一種品德；對亞里斯多德而言，理想的人格類型是雅典的紳士，而有些品德則是有錢人的專利，譬如：慷慨，顯然有錢人才能展現慷慨的品德；至於《新約》中的信、望、愛，則全部不在亞里斯多德的德目之中，而亞里斯多德所重視的「明智」，在新約中也未出現；而且新約認為「謙卑」是一種美德，在亞里斯多德的心目中可能是惡。

如果上述的分析是正確的，面對我們社會目前道德教化的問題，只是空泛的高喊「加強道德教育或重視品德教養」是無濟於事的，最應該正視的是：針對自由社會的特質，找出這種社會的成員所必須具有的最起碼品德，以及如何培養這些品德。

自由主義(liberalism)

當代自由社會憲政理論的建構是以自由主義為基礎，所以在探討自由社會所需要的道德之前，我們先簡單介紹一下「自由主義」。

自由主義的誕生不會早於十七世紀，一般認為，十六、十七世紀的宗教戰爭是孕育自由主義思潮的溫床，自由主義的興起提供人類另一種解決人生幸福的思考路向。在希臘和中世紀，西方大多數重要的思想家都樂觀的認為，對於「何謂美好人生」，人類的理性會自然趨向於單一的解答，換句話說，對於人應該如何生活才能幸福、什麼是人生理想和美好的生活方式等問題，存在一個標準答案，只要人類的理智清明，大家對於這個問題會得到相同的看法，所以政府存在的目的，就是促進這一個實質的人生理想和美好生活觀的實現。

這種對人生理想一元的思考模式，在當代則產生重大的改變，其中有兩個歷史發展深深影響當代道德和政治哲學的本質：一、十六世紀的宗教改革，它使中世紀的宗教統一分化而造成宗教多元化，其結果是形成其他方面的多元主義；二、始於十七世紀的當代科學的發展。

十六世紀的宗教改革，促成中世紀那種權威、救贖、擴張式的基督教分裂，然而由於人們對最高善的基礎是上帝的法令並不懷疑，其結果是同一個社會存在相對立的權威、救贖式的宗教，所以它們雖然在某方面不同於其原來的宗教，但擁有某些相同的特點：獨斷和不寬容。這種多元卻獨斷、排他的宗教態度，所造成的結果是不同信仰之間的尖銳對立，導致西方十六、七世紀長期的宗教衝突。

除了戰爭之外，具有不同宗教信仰的人如何生活在同一個社會?不外有兩個途徑：一、人們找到一個共同的宗教信仰，在這個統一的宗教引領之下和平相處；二、容忍不同的宗教信仰。自由主義就是認為統一宗教不可能產生，為了免於戰爭的威脅，而採用宗教容忍的方式解決對立和差異。

自由主義不只深信宗教的多元是不可避免的，也認為人類對於生命意義、理想生活方式的差異，是一個永遠無法消除的事實，除非政府採取強制手段，否則很難達成一致的共識，也就是說，自由主義者否認存在一套價值理想，是每一個人追求幸福生活所必須。因此政府的存在和目的，不是為了實現某一個特殊的價值觀，而是要使擁有不同生命理想和價值觀的所有社會成員，都能在保有其自主性的條件下共同生活。

由於自由主義認為美好人生很難找到一個單一的解答，所以它重視個人自由。因為只有個人擁有自由，才能用自己的方式尋找自己認為最合適的生活方式，而不會受到他人的干擾。雖然肯定個人自由並不是自由主義的專利，但是自由主義強調自由這個價值和其他價值衝突時的優先性，自由主義反對以任何公共的目的或福利為理由，侵犯任何個人應有的自由權。所以在各種價值的排列秩序上，個人自由凌駕其他價值，只有為了自由本身，才能對自由加以限制。

此外，自由主義受啟蒙時期之世界觀，以及近代科學發展的影響，認為人的理性能力足以建構一個有意義的人類世界，人可以不必依賴天啟，而發現人類世界的規律和基本規則，以預測未來、創造人類福祉，而且自由主義肯定每一個人原則上都有能力藉此理解世界，所以任何政治和社會制度的設計，必須可以合理地說服生活於其間的社會成員。政治和社會的制度設計，原則上必須可以被每一個人接受。也就是說，自由主義認為政治和社會制度是一個完全透明的秩序，每一個具有理性的人都可以理解，而且任何公共政策制訂的理由，都可以為每一個社會成員所認知和接受。

實際上自由主義已成為普及的思潮，在最根本的層次上它決定西方社會的態度和觀點，自由主義的許多基本假設已經深植人心，是西方人一般社會、政治和經濟上共同的態度。自由主義不只是西方最具主導性的意識形態，它的一些基本價值：自由、平等、多元、容忍等，也漸漸成為我們觀察社會和世界的方法，自由主義的基本假設已經被大家自然而然的吸收，而成為時代和社會的普通常識。

自由社會還需要道德嗎？

傳統的自由主義者相信，自由社會即使缺乏良好品德的公民，只要制度設計完善，就算個人追求私利、不顧公益，也不會影響社會的正常發展，因為私利之間會互相制衡。但是自由社會實踐的結果，徹底否定這種只依賴良好制度的想法，自由社會公民只講「權利」，而不重視「責任」的結果，使自由社會在實踐層次出現許多弊端，譬如：投票率低落、社會福利養成依賴性公民、環境政策的失敗、工作而不納稅、技巧性的逃漏稅或領取公共福利，這些都是因為個人主義造成的結果。個人主義使得自由社會良好運作所需要的公共精神及公民責任喪失，這些弊病改變了自由主義者的觀念，現在的自由主義學者普遍承認：一個健康穩定的民主社會，不只依賴正義的制度，也依賴公民的品質和態度。所以政治理論不再只重視社會的基本制度和結構，也注重公民的品德和態度，學者稱這些公民的品質為社會資本(social capital)。

以一個實際研究說明技巧性逃漏稅：根據中央研究院院士朱敬一和中央大學經濟系教授

鄭保志的研究，我國在一九九八年所得超過八百萬元的人，有三個人未繳一毛錢的稅收，而二〇〇三年卻增加到四百人。相信這些透過「合法節稅」而分文未繳的有錢人一定沾沾自喜，他們大概不會想到「社會責任」這個問題。

再以健保制度為例，這個制度使任何一個人不論貧富，幾乎都有能力負擔醫療費用，因此全民的健康得以確保，所以是一個好的制度。但是現在健保嚴重虧損，幾乎快到無以為繼的地步，為什麼？因為人民缺乏公德，糟蹋了一個良好的制度。很多人抱著「公家的東西就是沒有人的東西」，反正看病不用錢，就拚命看病，拿了一大堆吃也吃不完的藥，浪費公家資源；有些醫生要求病人假看病真刷卡，以詐取健保給付。這說明了只有制度而缺乏良好的公民品德，再好的制度也會被拖垮，所以健全的自由社會仍然需要培養公民良好的品德。

「核四」該不該建？

民國六十九年台灣電力公司提出「核能四廠第一、二號機發電工程計畫」，經行政院同意貢寮為廠址，從此引發台灣社會二十多年的核四攻防戰。民國七十四年行政院長俞國華基於民眾對核電廠尚有疑慮，宣布核四廠暫緩動工；八十一年行政院再度通過回復核四興建計畫；八十三年貢寮鄉住民投票，百分之九十六點四五反對核四興建；八十五年立法院通過廢止核四計畫案，但行政院提覆議案成功；八十八年三月行政院能源委員會核准核四建廠執照；八十八年五月民進黨取得執政權，於當年十月由行政院決議停止核四興建；九十年行政院宣布核四續建。

其中民進黨政府在短短兩年間由停建到續建，損失超過數百億台幣，加上持續的抗爭、遊行等對立和衝突不斷，所耗費的社會成本更是無法計數。到底核四是否應該興建？支持興建者認為，核能燃料質輕、安全存量高、價格穩定、發電成本低效益高，興建核電廠可以使能源多元化，維持一定比例的核能供電，可以減少對石油的過度依賴，避免能源危機；此外核能供電能使國家電力供應具穩定性，可以促進經濟的穩定成長，而且核能發電可以降低二氧化碳的排放量，有利環保。

反對者則認為，興建核四會破壞台灣北部唯一生態資源和觀光資源豐富的地方，而且北台灣都會區疏散不易，核能安全對人民的生命財產構成嚴重的威脅。此外台灣並不缺電，加上當地居民絕大多數反對核四興建；而更嚴重的是核廢料處理不易，在核廢料中有些輻射性高，而且半衰期可達十萬年之久，目前並無有效的處理方式。

對於反對興建者的疑慮，中研院李遠哲院長在民國九十五年出席「國家永續發展會議」時公開表示，以前不能接受核能，多半基於安全及核廢料因素，但是現在核電廠對每個細節都可以監控，安全不是問題；而且提供核原料的國家如美國等，已經承諾願意回收核廢料，所以反核的理由降低。更何況目前台灣二氧化碳的排放量高居全世界第三名，每年十二點四噸（美國十九點九五噸最高）遠超過全世界三點九八噸的平均值，李遠哲院長指出，由於京都議定書生效，降低二氧化碳排放量是當務之急，而興建核四有助於減少二氧化碳的排放，因此他建議政府應盡速完成核四興建。

這個主張當然受到反核人士的批評。他們認為，全世界推動二氧化碳減量的方向是全力發展再生能源和光電科技，而非推動核能發電，因此政府的政策應該是鼓勵節約能源，並積極開放光電科技和再生能源。

如果根據上述正反雙方意見的陳述，你認為核四廠該不該興建？不論你的答案是什麼，你覺得反對者的意見完全沒有道理嗎？

自由社會的特點

核四興建與否的爭議，不但使社會付出重大的有形代價，其間所造成的人民對立、政黨仇視、社會裂痕的無形損失，更是難以用金錢衡量。事實上台灣社會自由化以後，政治和社會上的各種抗爭、衝突、對立事件不斷，我們目睹「自由」所帶來的混亂和失序，核四是類似事件中持續最久、影響最深的一個範例。自由社會人民一定會這麼對立？社會一定這麼混亂嗎？當然不是。

根據美國哲學家羅爾斯(John Rawls, 1921-2002)的分析，自由社會有三個主要的特點：

一、合理多元的事實(the fact of reasonable pluralism)。羅爾斯認為在一個基本權利受到自由制度保障的民主社會，會出現各種對立和無法妥協的宗教、哲學和道德主張，而且這種情況會持續存在，因為這不是偶然現象，而是人類理性運作的長期結果，所以衝突、對立的多元主張不可能立即消失。

羅爾斯進一步區分合理多元和簡單多元(simple pluralism)，後者是指自由社會會出現不同的學說和主張，但是這只表示自由社會的意見和思想是紛歧、多樣的，而只呈現各種學說的多樣性，並無法展現自由社會的特點，因為說不定在這些不同主張當中，只有一種是正確或有益於社會的，其他都是錯誤或有害的言論，所以也許政府或社會的多數應該設法去除其他不正確的主張，打壓異端邪說，最後將思想定於一尊才是正確的作法。因此如果學說只是「多」，並不能證成政府不應進行言論或思想管制。

所謂合理多元則強調自由社會中存在的各種宗教、哲學和道德主張，不只是彼此歧異，甚至對立衝突，而這些差異的學說有許多種都是很合理的。所謂學說是「合理的」，是指支持者是基於充分的理由相信該學說，而且支持者的推論合乎邏輯、知識正確、人格沒有偏差。換句話說，如果自由社會必然會產生合理多元的現象，這表示我們必須承認和自己意見不一樣的人，不一定是建立在錯誤的推論、不足的資訊、偏私的心態。如果用一個比較通俗的說法就是：意見和你不一樣的人，不一定是「頭殼壞了」或自私自利。因此羅爾斯認為自由社會面對的課題是：在當代民主社會擁有合理卻不相容之宗教和哲學主張的前提下，如何產生一個使這些合理學說能共存、共同肯定憲政體制的穩定社會。

二、只有採用政府的強制力，才能維持人們支持單一宗教、哲學或道德學說的局面，也就是說，如果要思想統一，只能靠武力。西方中世紀以宗教審判的方式鎮壓異教徒、漢代的獨尊儒術、大陸的文化大革命，背後都是用武力作後盾。

三、既然不存在所有公民都共享的單一學說，一個良好的民主社會需要一套大家都能接受、也必須遵守的共同規範，才能多元而有秩序。自由社會中個人的學說或思想可以對立或衝突，但是維持這種多元社會仍然是「一個」社會最重要的關鍵是：所有公民分享一個共同的正義觀念，透過這個正義觀念建構政治、經濟、法律、社會等各種制度，這些公共制度就是個人自由的限制，但同時也是個人自由的保障。

羅爾斯的理論是典型的自由主義學說，它區別公共和非公共領域。在非公共領域中，每一個人都享有不受政府或他人干涉的自由，譬如：要和誰結婚、早睡早起還是當夜貓子、要不要讀大學、要不要多運動等，只要不違反法律規定，這些都是個人自由的範圍，他人只能透過勸告或說服的方法，而絕對不能用強迫的方式，改變你的決定。而法律的規定就是屬於公共領域，法律限制你的自由，但是也使屬於你的自由不會受到他人的侵犯。事實上自由社會就是透過法律和公共道德，使充滿多元、差異的社會，能夠和諧、穩定、有序。

如果羅爾斯的論點是正確的，則自由社會最重要的特點就是價值多元，只要人們普遍享有基本自由，在涉及宗教、道德、哲學判斷時，會產生不同的主張和想法是極正常的事，所以多元和差異是一個不可避免的事實。

我們的社會是一個多元社會嗎？

以目前我們社會的發展狀態，大概沒有人會懷疑我們是一個多元的社會，但是如果用羅爾斯的標準來衡量，我認為我們並不是一個真正的多元社會。我們的社會雖然存在許多不同的主張和想法，但是這頂多是一種簡單多元。從人民對待不同主張者的態度，我認為我們的社會是一個「一元」社會，我們的「多元」只是有很多個「一元」的那種多元，因為我們社會有相當多的人還沒有走出威權政治的陰影，還自覺或不自覺地認為「真理」只有一個，而「我就是真理」，所以打壓不同主張就是捍衛真理，這樣的心態，當然是一元而不是多元。

一九九八年我因為投入台北市長選舉的助選工作，結果被對手指控為「新賣台集團」成員之一。指控一個人是賣國賊，是對他人格極大的羞辱，稍微有良心的人，都會慎重其事。如果政治立場不同，就進行人格上的抹紅抹黑，使他人承受精神上的折磨、恐懼和威脅，這種對待不同意見者的作法，其實和獨裁無異，因為除非用威權獨裁的暴力方式，才能統一思想，否則意見不同是自由社會自然發展的必然結果。

台灣的人民之間會產生那麼多的對立和仇恨，最主要的原因就是認為自己的主張就是真理，和我不一樣的人就是壞蛋，對於壞蛋，採用羞辱、謾罵、攻擊，甚至於以極不人道的方式對待，都是正當的作法。把自己的同胞，只要想法不一樣，都當成「敵人」看待，這種人缺乏的就是「自由的」(liberal)心靈，這種人的心態其實就是獨裁者的心態，這種心態才是自由社會真正的障礙。

米蘭昆德拉(Milan Kundera)在他的小說《生命中不能承受之輕》中有一段話，值得我們深思：

「任何一個認為中歐某些共產黨當局是一種罪惡特產的人，都看出了一個基本事實，罪惡的當局並非由犯罪分子們組成，而是由熱情分子組成的。他們確認自己發現了通往天堂的唯一通道，如此英勇地捍衛這條通道，竟可以迫不得已地處死許多人。後來的現實清楚表明，沒有什麼天堂，只是熱情分子成了殺人的兇手。」

這段話的意義應該很清楚，許多具有排他性的理想主義者，最後可能成為殺人的劊子手，因為他們自認自己的主張就是真理，所以用殺人的方式剷除所有通往真理的障礙就是合理的。所有的獨裁主義者，像希特勒、列寧、毛澤東，都是某種形式的理想主義者，而他們的排他性都是因為缺乏多元的心態。

雖然我們不可能再像過去的獨裁者一樣，透過武力的方式鎮壓異己，但是語言的暴力卻充斥這個號稱自由的社會，最典型的代表就是「愛台灣」這句口號。「愛台灣」已經成為政治上打壓異己最簡單、有效的方式，這個口號像是一道符咒，對「敵人」可以產生精神凌虐，對自己則可以消災解厄，只要給「敵人」貼上「不愛台灣」的標籤，就足以讓他們百口莫辯、寢食難安。

法國思想家伏爾泰(F. M. A. Voltaire, 1694-1778)有句名言，常被拿來當成自由社會的指標：「我不贊成你所說的，但是我誓死捍衛你說話的權利。」嚴格地講，一個普遍缺乏自由心靈的社會，並不是一個多元社會。雖然我們的制度確實是一個自由的體制，但是我們的人民心態和素養卻是威權、排他。換句話說，我們缺少的是自由社會公民所應該具有的道德，因此我們離真正自由多元的社會，還有一段漫漫長路。

什麼叫做「容忍」？

總結前面所說的，如果我們要成為一個成熟的自由社會，最主要的關鍵並不是制度，而是公民道德，一個健全的自由社會，大多數的公民需要具有適度的公共道德，我認為第一個需要培養的道德就是容忍差異，因為它是使多元差異社會能夠長期維持秩序和穩定的唯一處方。

「容忍不同意見」這句話，在我們的社會並不陌生，政治人物也常常公開強調這樣的想法，但是現實社會中卻不是這麼一回事。為什麼？主要的原因有二：一、對「容忍」的精神缺乏瞭解；二、對「多元價值」缺乏深刻的認知。

「容忍」一個人或一件事，背後隱含的心理狀況是：為了避免進一步的衝突，容忍者是心不甘情不願地接受現狀，所以「容忍」通常是出現在優勢一方。如果「我容忍你」這句話出自一個弱勢者口中，會顯得有點怪異。譬如：一個高頭大馬的大漢在黑夜暗巷持刀搶劫，被搶的夜歸女子交出自己的錢包時，如果說：「我容忍你的行為。」這是很荒謬的，因為她根本就沒有「容忍」這名搶匪的實力。由於弱者沒有能力征服對手，所以弱者避免衝突或進一步受害的方法，不是撤退就是求饒，只有強者的退讓才叫「容忍」。

台灣的政治人物常常在自己處於弱勢時，才高喊「容忍不同意見」的民主大道理，希望用「民主」博取對手的寬貸、社會的同情；但是當自己居優勢時，則會搬出另一塊民主招牌「少數服從多數」，要求對方俯首就範。「容忍」在我們的社會之所以只停留在口號階段，就是因為大多數人並沒有體會到：它不是外在的工具，而是一種內在修養。有能力打壓對方卻不這樣做，其實是一種風度、一種品格。

每次立法院重大議案的表決，呈現的就是一個缺乏容忍的政治，當電視畫面出現有人霸佔主席台時，一定是優勢者想要「強渡關山」。而弱者用這種方式抵制，其實也是另一種形式的不容忍，因為這是表決人數的少數，希望在比「力」上展現強勢的一種作法。

民進黨內有些人士常常把台灣的民主成就，全部歸功於他們的努力，這也證明所謂的「民主人士」不能理解「容忍」對自由民主的重要性。民國六十八年的「美麗島事件」應該是台灣民主政治發展中最關鍵的一個事件，以當時國民黨強大的政經實力、龐大的警察和特務系統以及民意的普遍支持，如果蔣經國當時下令重懲施明德等「首惡分子」，台灣的民主發展根據保守的估計，至少也會延遲二十年。蔣經國當時絕對有能力重創「黨外」，但是他採取的方式是「容忍」。有權力者能夠壓制自己的權力，是一件極不容易的事，這是台灣自由和民主發展的重要契機，蔣經國對民主的貢獻不應該被完全抹煞。

所以一個人有沒有民主風度，最重要的觀察點是：當他具有絕對的優勢壓制不同意見者的時候，他用什麼方式對待他人。因此「容忍差異」是自由社會成熟人格的必要條件。其實容忍不同意見只是民主社會公民最起碼的品德，如果我們期待一個更成熟的民主社會，我們的公民就不只必須容忍歧見，而且更需要進一步彼此相互「尊重」。但是以目前的台灣社會，如果能夠把「容忍」內化成公民的一種品格，已經算是一項成就。

什麼叫做「多元價值」？

涉及好壞、美醜的判斷，我們稱為價值判斷，有些哲學家認為價值判斷不同於事實判斷，「蔣介石是一個大壞蛋」是價值判斷，而「地球是圓的」則是一個事實判斷。價值判斷好像比較主觀，因人而異（當然也有哲學家認為價值是客觀的，但是至少認為「有些」價值判斷是主觀的應該比較可信），張三認為「蔣介石是一個大壞蛋」，李四可能認為「蔣介石是民族英雄」。而事實判斷則是客觀的，如果李四不同意張三「地球不是圓的」的主張，只證明李四缺乏知識，並不能改變「地球是圓的」之客觀事實。就是因為有些價值判斷會因人而異，所以多元價值在一個人人都可以自由表達自己想法的社會，似乎必然是一個常態。

核四的爭議是呈現合理價值觀多元的一個好例子。雖然我對核四廠興建與否缺乏足夠的知識，所以對這個問題保持中立，但是由於大多數自認為具有「進步」思想的人，基本上是反核的，所以我要扮演「魔鬼代言人」的角色替擁核者辯護，藉以說明多元價值的深層意義。

反核人士最大的憂慮就是安全，他們認為一旦發生類似車諾比爾的核電廠事故，將會造成極嚴重的生命威脅。「安全」確實是一個極為重要的價值，但是這個價值並不是絕對的，開車、坐飛機、游泳、登山、打球、跑步甚至決定和誰結婚，哪一樣是百分之百安全？即使在路上走也不一定安全，因為可能碰到警匪槍戰，不小心被流彈打到，也可能被酒醉駕車者撞個正著。甚至待在家裡也不一定安全：一九九八年二月十六日晚間，華航一架班機從峇里島起飛，即將降落中正機場時，在桃園大園墜毀，其中有六人在地面上被飛機撞死，這就是「人在家中坐，禍從天上來」。

人生就是冒險，沒有人因為「安全」的理由而不從事登山、開車、打球、游泳等行為。譬如說，如果一生都關在牢裡，一定比在實際生活中過日子安全，但是有人會選擇坐一輩子牢嗎？當然不會，因為除了「安全」之外，「自由」也是一個很重要的價值，人們寧願享有自由而願意在生活中冒險。

此外，如果「安全」這個價值得到適度的保障，相對的，其他的價值會變得比較重要，譬如：如果飛機失事的機率是千分之一，當然很少人會選擇搭飛機，但是如果失事率是幾千萬分之一，即使搭輪船的安全度是飛機的兩倍，相信幾乎所有去美國的人都會選擇飛機，因為這時候「時效」這個價值比「安全」重要。譬如另外一個在當代受到重視的價值是「環保」，但是這個價值也不是絕對的，否則最能實現環保的作法是：回歸到茹毛飲血的原始生活；為了過比較「好」的生活，相信大多數人贊成適度的犧牲一點「環保」是合理的。

每一個人的人生其實都是不同的價值選擇構成的，有些人為了錢，肯卑恭屈膝、備嘗羞辱；有些人為了尊嚴，即使挨餓，也不食嗟來食。安全、自由、效率、尊嚴、財富、權力等，都是有價值的東西，但是哪一樣價值最重要？哪一樣應該優先？恐怕不同的人會有不同的答案。擁核者認為，核電廠的安全度已經相當高，所以經濟發展比較重要；反核者認為安全仍有疑慮，而且電力供應並不成問題，況且可以發展替代性能源，所以反對興建核四。這難道不是仁智互見？

當然反核者還有一個最重要的理由，就是核廢料處理的問題，因為核廢料中有些元素的半衰期高達數萬年，所以核電廠對下一代的危害至巨，所以擁核者不是沒有良心就是不關心下一代。

但是這樣的指控似乎也忽略擁核者的思考邏輯，他們當然知道核廢料是一個相當棘手的問題，然而科技發展日新月異，一百年前女人生產像過鬼門關，因為如果胎兒的胎位不正，可能導致母親難產而死；但是以現在的醫療技術，嬰兒要在哪一個時辰出生都可以隨心所欲。根據這樣的邏輯，隨著經濟持續發展、科技研究不斷突破，難道不可能有一天核廢料的處理根本不成問題嗎？

如果反核者能夠細心聆聽擁核者的推論，也許就會發現擁核者並不是沒有良心，也不是腦筋有問題，一旦興建核電廠，擁核者和反核者所冒的風險其實是一樣的高，他們為什麼願意承受這個風險？只是因為他們的價值觀和反核者不同而已，並不是他們的價值觀是錯誤的。

我的結論是：不論擁核或反核，其實都有一套合理的說法，在一個價值觀多元的社會，我們必須承認有些價值上的衝突，幾乎無法找到一個標準答案，因為這些價值觀雖然不同，但都是合理的。當一個人深刻體認到：一個想法和你不一樣的人，可能是一個腦筋清楚、推論正確、正直、善良、誠懇的人，他的主張也有一定的道理，只是他的道理你不能接受時，就應該比較不會把「不同」解讀成「敵對」，比較不會用「仇恨」對待「差異」，因此也比較能夠體認「多元價值」的意義，以及容忍的必要性，願意學習和不同想法的人和平相處。

容忍差異才是自由的心靈

從上述的推論，應該可以清楚說明，為何自由社會需要具有容忍品德的公民，因為「自由」一定會導致「多元」，而「多元」一定會產生衝突，解決衝突的方法除了戰爭，就是「容忍」，只有容忍才能保障多元之間和平共存。因此自由社會合格的公民，不只是法律上年滿二十歲、沒有褫奪公權，而必須是品格上能夠容忍差異，容忍差異等於尊重別人的自由，只有這樣才能使自由社會持續保有生機和活力。所以能容忍差異的人，才具有自由的心靈，才是真正的自由人。

自由社會需要什麼樣的品德？

——講道理

容忍是自由社會成員彼此和平相處的第一步，對於那些我看不順眼的人，或者想法和我不一樣的人，我雖然不能使用暴力強迫他和我一樣，但是至少我可以掉頭就走，從此不再理他。「不理他」是我的自由，「不使用暴力」則是容忍，這些作法是使差異多元的自由社會能維持和平穩定，不會導致敵意和衝突的關鍵。容忍差異就是「各過各的生活」，誰也不要互相干涉，自由社會的每一個人都可以選擇像一座孤島一樣，不必和他人發生連結。

但是「各過各的生活」並不是一個最好的生活方式，魯賓遜在荒島上只有一個人過活，他必須自己張羅吃、穿、住、安全等所有維持生命的東西，他每天光為了填飽肚子都忙不完，這樣的生活是美好的生活嗎？所以即使魯賓遜在荒島上不會擔心受到他人的侵犯，但是他仍然希望能回到人世，因為只有一個人不可能過一個美好的生活，人需要人才能完滿。

人和人的不同雖然會產生利益的衝突，但是人和人也可以透過合作，增進彼此的利益，而「合作」則需要共同遵守遊戲規則，因此建立共同規則及遵守共同規則，是追求美好生活的必要手段。事實上即使是「各過各的生活」，也需要遵守「互不侵犯」的共同規則，換句話說，自由社會的成員雖然擁有自由，可以自己決定自己的生活方式，但是這個「自主權」的保障，必須依賴一套公共規則。但是如果大家的價值觀和主張不同，這些維持社會秩序及建立彼此合作條件的公共規範如何產生？

大家立即會想到的答案，應該就是「民主」，透過民主程序決定共同遵守的規則似乎是最合理的方法。公共規則一旦制訂，它對每一個人都構成一種限制，由於每一個人都是平等的，所以每一個人都有平等權利，決定這種加諸於自己身上的限制，由於想法多元，對於公共規則的內容應該如何，很可能會產生歧見，所以解決平等人不同想法最公平的方法，就是採用民主原則——多數決。

但是多數決的結果是不是一定是好的？民主是最好的決策方式嗎？如果公民沒有講道理的精神，民主多數決有可能會造成災難性的結果。

台灣的民主值得推銷嗎？

二〇〇五年四月二十六日中國國民黨主席連戰訪問大陸，二十九日在北大以「堅持和平，走向雙贏」為主題公開演講。連戰在演講中提到「台灣不能讓民粹主義取代民主的思想」，他提到北大和台大系出同源的自由思想，用相當的時間闡述自由主義。

連戰的演講在國內遭到民進黨的批評，民進黨指責連戰沒有推銷台灣的民主成就，結論又是：這是連戰「不愛台灣」的明證。我認為連戰不講台灣的民主，而強調自由主義的自由精神反而是正確的。

台灣的民主給別人的印象是什麼？民主政治最重要的就是選舉，而台灣的惡質選風實在是令「民主」蒙羞，賄選是最耳熟能詳的事。過去國民黨執政時期，幾乎每次選舉都是「賄聲賄影」，而近年來選舉手法更是推陳出新，其惡劣程度令人心驚。二〇〇四年總統大選及二〇〇五年縣市長選舉，出現專門對特定候選人進行人身攻擊的「非常光碟」，而製作人卻以言論自由為自己辯護；二〇〇五年縣市三合一選舉，具醫師身分的民進黨立委林進興，居然在十二位醫師的陪同下，公布國民黨台中市長候選人胡志強的病歷。這些選舉策略像是對待真正的敵人，為了置對方於死地，無所不用其極，這是蠻荒時期的「民主」政治，離文明尚有一段距離。

此外，我們的民主實踐過程中，出現在國際媒體的不是立法委員打架，就是群眾抗爭，即使連戰出訪大陸，也要受到群眾的包圍和辱罵。這種不講理、不尊重個人自由的表現，完全曲解了民主政治的真義。因此我們的民主政治在外人心目中留下的印象，可以用一個字形容：亂。尤其這些年來為了爭取執政權，藍綠惡鬥、統獨對抗、族群撕裂、社會對立，幾乎大多數的台灣人民，對政治的厭惡已經到了難以忍受的地步。

我認為中共在改革開放以後，儘管經濟上突飛猛進，政治上卻仍然可以一黨專政，藉口之一可能就是台灣的民主表現，中共領導人只要問大陸人民：「像台灣這麼亂的社會制度，你們要嗎？這就是民主政治實施的結果。」

因此從「民主」這項指標評估當前的台灣社會，我們的「民主」還處於起步的階段，表面上看起來令人汗顏的地方比較多，所以實在不值得炫耀。然而相對於中國大陸的獨裁政權，我們最值得驕傲的是「自由」。我們可以驕傲地對大陸人民說：「我們可以在演講台上公然批評陳水扁，你們可以在公開場所批評胡錦濤嗎？」

知道「自由」和「民主」的區別，就可以理解連戰在北大談自由，而不談民主的道理。

「自由」和「民主」的差別

在台灣很多人常常把「民主」當成普世價值，認為民主政治是建構美好社會的萬靈丹，但是希臘哲學家柏拉圖卻不認為如此。在柏拉圖的《理想國》中，民主政治在他所列舉的五種政治制度中，只比獨裁政治好一點，柏拉圖認為獨裁政治的特點是暴君，而民主政治的特點則是暴民。因為在民主政治中，人民有了自由以後，會做他「喜歡」做的事，而不會做他「應該」做的事。對照台灣人民把自由理解成「只要我喜歡，有什麼不可以」，以及台灣社會過多的群眾運動，柏拉圖的說法其實相當貼切。

如果回想過去威權時代的台灣，社會和諧穩定，人民普遍謙和溫厚；解嚴以後的台灣，卻是社會失序、族群撕裂，「愛台灣」可以合理化一切對同胞的仇恨、敵視，政治上的鬥爭猶如野蠻社會。是自由民主制度比威權體制差？還是自由民主制度不適合我們社會？答案應該是否定的。如果根據當代自由主義哲學家的說法，一部分的問題應該出在我們不懂得使用「自由」，懂得自由的人，會規劃一個政治社群，其特點是和平、尊敬、開明及負責的自由，是建立公民友誼及合作，而不是排他，也就是說沒有人應該基於膚色、性別、種族、性傾向、省籍的無關差異而遭到排斥。其實如果說得更明白一點，我們也不懂得「民主」，因為我們以為「民主」只是多數決。

換句話說，國人口中的「自由」、「民主」幾乎只停留在普通常識的階段。我們的憲政體制是一個以自由主義為基礎的民主政治（liberal democracy），但國人對於這套體制背後的理論基礎、價值預設所知似乎相當有限。事實上任何一套政治體制都隱含一套價值理想，因此從我們現階段政治領域的表現來看，我們只能算是達到民主制度化的（institutionalized）階段，而尚未到民主被實現（realized）的理想。

許多人批評現階段我國的民主政治是民粹而不是民主，認為台灣社會在政治領域所出現的種種亂象，都是民粹惹的禍，而不是民主政治本身有問題。這種說法有部分是正確的，但也有其值得商榷的地方，因為民粹也是某種形式的民主政治（populist democracy）。

民粹式的民主政治重視政治平等性，它主張任何限制、規範或影響人民的法令、制度或政策，必須經由人民全體決定，因此民粹也是一種民主。更精確地說民粹政治重視眾意（popular will），所以強調人民集體決策，它主張任何加諸眾意統治的限制都是不民主。現行民主國家的政治制度並不是這樣的民主概念，而台灣所依據的中華民國憲法也不是這類的民主政體，基本上當前西方民主國家所謂的民主政治，通常都是自由主義式的民主政治，是自由主義主張加上民主概念所形成的政治體制。如果根據古典自由主義學者、經濟學家海耶克(Friedrich Hayek)的觀點，民主只是一種手段，其目的是為了保障內在的和平及個人自由。所以自由主義式民主政治重視的是個人自由，基於保障個人基本自由的考慮，民主不是最終的價值，只是實現個人自由最有效的工具而已。

在這樣的理解下，民主等於是一個決策程序，所以海耶克反對民主多數決的無限制使用，事實上任何侵犯個人基本自由的決策，即使是多數同意也不具有正當性。舉例來說，如果民主決策的正當性沒有任何限制，只要大多數台灣人民投票同意將王永慶的財產拿一半出來平分，平分王永慶的一半財產就是合法的。民粹式的民主無法阻止這樣的議題成為合法的公投議題，而自由主義式的民主則不接受對這樣的議題進行民主投票，因為前者重視民主，而後者把民主當成手段，自由才是目的。

國人常常稱台灣社會是一個民主社會或自由社會，好像「自由」和「民主」是共生體，事實上「自由」和「民主」這兩個價值並不是永遠一致，有時候會出現衝突，所以自由主義式的民主政治其實具有內在的緊張關係。從當前台灣的實際政治來看，台灣的政治人物最多只掌握「民主」的概念，而不太理解自由主義式民主的精神和內在的問題。

「民主」這個概念比較容易理解，所謂民主決策就是公民全體參與投票、用多數做決定的一套決策程序，所以多數決是民主決策唯一的限制，只要合乎多數決原則，任何決定都是合法的。但是自由主義所追求的則是對政府權力的限制，以保障個人的自由。從上述王永慶的例子，就可以說明「民主」和「自由」之間的矛盾，我們也可以用另一個例子闡述個人自由和民主的不一致。

假設在一間會議室中，有人提議要在室內抽菸，如果按照民主原則，這個提議是否被接受應該由會議室內所有成員共同決定，因為這個決定會影響到每一個人，所以每一個人都應該參與決策。如果經由投票表決的結果，除了一個人之外其他人都贊成這項提案，基於民主原則，在這間會議室內抽菸就是合法的。但是如果這位反對者患有嚴重的氣喘病，允許室內抽菸可能會危及他的生命，這種一人一票的民主決策對他而言只具有表面上的公平，所以用民主方式決定可否抽菸可能會侵犯他的基本生存權；然而如果因為他一個人的主張就否決多數的決定，又顯然違反民主原則。

因此如果「民主」是最終價值，個人無權要求大家為了他一個人而不抽菸；但是如果「自由」才是目的，這種情境根本就不能用民主的方式進行決策，因為如果生存權是個人的基本權利，任何侵犯此一權利的決策，即使是多數決定的結果也是無效的。

為了避免上述「自由」和「民主」的衝突，自由主義式的民主把對「自由」的保障提升到憲法的層次，使自由主義所重視的個人自由和權利，不受到民主多數決的任意踐踏和侵犯，這種透過憲政設計的方式保障某些特殊的自由，目的主要就是要在「自由」和「民主」兩個價值之間取得一個適度的均衡。

民主的缺點

民主不是萬靈丹，而且會產生以下的缺點：

多數暴力(the tyranny of majority)

自由主義重視自由，因為只有個人擁有一定的自由權，才能在不受干擾的情況下，自由選擇自己認為最適合的生活方式。但是如果自由社會的公共規範必須用民主的方式訂定，即使在憲法中保障個人的基本自由，只能保障這些自由不會受到一般多數決(超過二分之一)的侵犯，卻不能保證這些自由一定不會受到剝奪。譬如：如果絕大多數的人贊成原住民不能享有投票權，由於原住民的人口佔台灣人口數的百分之二，即使修改憲法需要絕對多數(三分之二或四分之三)，也有可能通過修憲提案，而使社會上的極端弱勢，完全喪失個人尊嚴所繫的基本自由。

上述的例子就是一般所謂的「多數暴力」，我們的立法院不只經常上演多數暴力，也會出現少數暴力。多數暴力是用人數的多數壓制不同的意見，只要己方人數眾多，強行表決通過法案，就是一種多數暴力。而少數暴力則是擔心自己表決會輸，採用實質暴力的方法抵制表決。這兩種暴力的產生，都是因為只懂得表面意義的「民主」所造成。

多數不一定是對的

民主決策不只會產生多數暴力的缺點，而且只依賴形式上的多數進行決策也是危險的，因為多數的決策不一定是正確的。哥白尼時期只有他認為地球是在轉動的，最後證明他才是對的，所以不只是多數可能犯錯，整個時代都可能犯錯。當代學者指出，多數有可能基於自利、無知或偏見，做出很壞的投票，以至於支持一個災難性的政策或選出一堆很差的統治者，結果反而不利於人民自己。

因此只重視投票、多數決，而不去關心投票者是否具有充足且正確的知識、長遠的眼光以及明智的判斷能力，人民統治的政府有可能成為和人民利益對立的政府。譬如：在二〇〇六年「倒扁」風波正熾時，幾乎所有的民調都顯示，超過五成的民眾希望陳水扁總統下台，這可以等於人民承認自己在二〇〇四年的選擇是錯誤的，因此多數贊成不一定是正確或者有利的。

一位學者說得好：愚笨不會因為多數，就變得聰明。

公民的私利主義(civic privatism)

約翰・彌勒(John Stuart Mill)在十九世紀時，主張公民進行投票時應該公開，因為他預測祕密投票會鼓勵公民把選票當成商品販賣，以達成私人的滿足，也就是說祕密投票的投票者會選擇對私人有利的候選人，而不會選擇對國家和公共有利的候選人，他的想法是：公開討論會鼓勵大家關注公共利益。

但是基於平等投票權的民主理想，彌勒的主張並沒有實現。由於投票者的實力不均，如果公開投票會造成窮人和弱者只能執行形式的投票，因為他們不敢違反強者的意願，否則會擔心遭到報復，所以祕密投票沿用至今。然而今天民主政治實施的結果，證明彌勒的主張有一定的道理，私利主義腐化了民主公民的核心理想。以我們社會為例，如果問投票者為何支持張三而不支持李四，他回答的理由可能五花八門，但也許很少是基於公共的利益：有人因為張三是本省人；有人則因為張三長得比較體面；有人因為張三是雲林同鄉；即使因為張三是某一個政黨提名的候選人，也是基於黨派之私，而不是基於國家整體利益的考量。因此我們的社會每次選舉往往只看到基於個人利益考量的「私」民，而沒有「公」民，這一再印證彌勒的先見之明。

講道理可以避免多數暴力

根據上面的論點，如果社會上的強勢族群，透過民主程序制訂公共規則欺壓少數，犧牲少數的利益，而為自己謀取較大的福利，一定會引起弱勢族群的不滿、甚至怨恨，這樣的社會一定不可能和諧穩定；如果多數不經深思熟慮，做出錯誤的決定，社會整體會受害；如果公民都是基於私利進行決策，即使是多數決，也只表示私利的一致性，並不合乎公共的利益。

怎麼樣才能避免這種多數欺負少數、形式多數民主的弊端呢？培養公民「講道理」的精神和習慣，似乎是唯一的解方。

一般人都知道，民主是一種集思廣益的決策方式，也都知道所謂民主的精神是：「少數服從多數，多數尊重少數。」我們日常生活中大家都會運用「少數服從多數」的方式進行各種決策，但是我們比較不能充分理解的是：什麼叫做「多數尊重少數」，因為我們比較重視民主決策的結果，而忽略集思廣益的決策過程。也就是說，這是因為一般人把「民主」簡化成「投票」所致。

多數要如何尊重少數？一個成熟的民主程序，在進行投票之前，必須經過討論的過程，這個階段其實最為重要，因為這是一個講道理的階段，這個階段攸關決策的品質和後果。如果這個階段的參與者都認真討論，而且充分交換意見，檢討各種決定可能的利弊得失，最後所達成的決策就是深思熟慮的結果，這對整體是最有利的。換句話說，如果在進行表決以前，多數允許少數在這個討論的階段充分表達自己的意見，而且也願意傾聽少數的想法，少數有可能透過這個階段的意見溝通，而說服多數。這種願意傾聽少數所提出的理由之態度，就是尊重少數。

如果在經過充分討論之後，少數仍然無法說服多數，最後只好採取表決的方式形成決策，而對於這樣的表決結果，基於公民的平等性，少數必須服從多數。這時候的少數對於多數，比較不會產生「多數暴力」的負面印象。

因此多數願意傾聽少數的聲音，而且如果少數的理由充分，願意改變自己原來的想法，這種隨時準備被道理說服的態度，就是自由社會公民所應該具有的民主素養。換句話說，一個具有民主素養的人，不會硬拗，也不會基於「面子」而不承認自己的錯誤，隨時準備被道理說服，因為民主決策是為了公共利益。而少數在無法以理說服多數之後，接受表決的結果，這種服從多數的態度，則是一種民主風度。

我們的民主成熟度，也可以用「少數服從多數、多數尊重少數」這個原則加以檢驗，立法院作為最高民主殿堂，動見觀瞻，是一個最適合檢驗的地方，而我們在立法院看到的，經常是違反民主素養和欠缺民主風度的行為。

在立法院中，政黨對於政策最常採用的模式如下：

當某一個政黨在議場是多數時，該政黨往往採取速戰速決的方式，要求立刻進行表決，因為多數並沒有準備傾聽少數的聲音。這是缺乏「多數尊重少數」的民主素養，以為只要投票就是民主。這種情況下經由多數通過的法案，完全合乎形式民主的程序，但是少數並沒有心服口服，所以即使輸了，也心存怨恨，譴責多數是一種多數暴力。

當發現自己的政黨在議會是少數時，採取的方式則是霸佔發言台，癱瘓議事；或者在進行表決以後，聲明這不是他們支持的政策，所以表決輸了也不算數，這是缺乏「少數服從多數」的民主風度。

因此如果公民在民主過程中養成講道理的習慣，也隨時願意因為較有說服力的理由而改變自己原來的想法，「多數暴力」的情形將會消弭於無形，而少數也比較可能心甘情願地接受多數。

審議民主(deliberative democracy)和公共理由(public reason)

根據學者的分析，面對當代民主政治所產生的弊端，近二十年來的民主理論已經從投票中心(vote-centric)轉移到對談中心的(talk-centric)民主理論。投票中心理論把民主當成一個公平決策的程序，它預設個人的偏好和利益是固定的，這些衝突的喜好經由公平程序彼此競爭，最後透過多數決達成決策的目的。但是現在學者普遍發現，這種多數決的結果只能代表贏家的意願，並不能呈現公民共同的意願，所以民主理論學者要求在投票之前，必須重視深思熟慮的意見形成之過程，這種強調講道理的民主理論，就是這些年來最熱門的「審議民主」理論。

審議民主和純粹程序民主最大的差別是：前者可以避免多數暴力的弊病。因為如果決策的基礎是審議、細心考慮到每一個人的主張，而不是基於談判者權力(power)的大小，即使是無法同意該決策的少數，在態度上比較容易接受決策結果的正當性。

審議民主最重要的特點，就是要求公民對於任何政策主張都必須提出理由，而且所提出來的理由必須是公共的理由，也就是說這些理由是大家都可以接受的理由。台灣的政論節目中的「名嘴」，幾乎每一個都口若懸河，他們對任何事情都可以說出一大堆理由，但是有許多人所提出來的理由，大概只有特定政治立場的人才會接受，這種講理方式，並不符合審議民主的精神。

譬如：如果張三主張陳水扁總統不應該下台，理由是他昨天作夢，夢見仙人指示這樣對台灣比較好，並且張三說他的夢一向很準確，這是一個好理由嗎？如果李四說他為了這件事去卜了個卦，卦象顯示陳水扁總統應該下台，所以他贊成施明德的「倒扁」行動，這是一個好理由嗎？當然不是，張三和李四所提出來的理由，只有對相信夢境和占卜的人，才具有說服力，而社會上還有許多不相信這類事務的人，所以用這些理由無法支持一個公共決定。

我們每一個人對每一件事，可能都有許多理由，但是審議民主要求只有公共可以接受的理由，才適合在民主場域中提出，為什麼？理由如下：

一、鼓勵在公共議題上採公共精神的觀點：當人們在論辯爭議性公共政策時，很少有人是完全利他的，政治人物更不會因為彼此交談的結果，而從代表特殊利益自動轉換成關心公共利益，但是如果建構一個良好的審議背景（如：審議者資訊充足、擁有相當平等的資源、嚴肅看待對手的觀點），則審議過程可以鼓勵參與者在共同利益的問題上採取較寬廣的觀點。但是即使在背景條件不利的情形下，公民彼此交換道德理由的過程，也比只有政治權力流通的過程，更能採取合乎公益的觀點看待問題。

二、促進相互尊敬的決策程序：另一個常被忽略的道德爭論來源是不相容的道德價值，即使是由一群完全利他者做決策管理的社會，也不能調和某些道德衝突，因為有些道德問題（如墮胎）的爭論，不是起因於對事實的不同看法，而是對生命價值和自由價值的對立主張。審議不可能使不相容的價值變得相容，但它可以幫助參與者認知到對立主張的道德優點，促進對立雙方的相互尊敬。

三、幫助錯誤的改正：有些道德爭論的來源是因為理解不完全，公民和官員在採取集體行動時，都可能會犯錯，一個構造良好的審議論壇可以提供彼此交流的機會，增進個人和集體的瞭解。此外，透過論證的相互遷就，參與者可以彼此學習，而認知到個人和集體的誤解，因此而發展出更經得起批判檢驗的新觀點和政策。

因此培養公民講道理的精神，可以消除多數暴力、避免錯誤，更可以使公民透過公共理由的提出，學習公共精神，而去除公民私利主義。如果大多數公民在碰到意見相左時，都能採用講理的方式溝通，保持開放的心靈，願意傾聽他人的意見，並根據理由的強弱修正甚至放棄自己的觀點，這樣的多元社會不但不會是對立、仇恨的，而且必定是和諧、合作的。

自由社會需要什麼樣的品德？
——公共精神或公德心

一位母親帶著小孩在公園玩耍，小孩想把公園裡的小石子帶回家，母親禁止他說：拿那些石頭有什麼用？

類似上述的例子經常發生在我們周遭，一般人應該不會太在意這樣的事情，但是如果仔細思考一下這位母親的態度和價值觀，就會發現一件嚴肅的事：如果小孩想從公園裡帶走的是有用的東西，是不是就可以？全民健保虧損背後的原因不就是這樣的態度使然。

社會大多數人對政治人物都充滿了負面的印象，我上課的時候常常提醒學生說：「雖然你們談到政治人物時都很不屑，認為這些人的操守都有問題，但是你們之中有人就是未來的貪官污吏。因為貪官不是當了官才會貪，你們現在能力有限，平常投機取巧，影響不大；升斗小民佔一點公家的便宜，也沒有人注意，然而這樣的德行如果將來當了官，不就是貪官嗎？」

沒有人喜歡貪官污吏，但是貪官污吏在人世間卻從來沒有缺席過；每一個看電視或電影的人，都希望結局是壞人受到懲罰，而好人得到善報，但是當自己站在人生的舞台，輪到自己擔任主角時，卻扮演令自己都討厭的角色。

一個穩定、和諧、健康、進步的自由社會，不只需要一套合理的公共規範，更需要每一位成員都具有遵守公共規則的品德，這指的不只是守法，更重要的是遵守公共道德，哲學家稱這種品德為公共精神(public-spiritedness)，用我們社會一般的說法就是公德心。

公民還是私民？

一九九四年五月貢寮鄉居民針對核四興建與否進行公投，結果有百分之九十六的住民反對在貢寮興建核四；二〇〇三年九月，針對北宜高速公路坪林交流道是否開放的爭議，台北縣坪林鄉居民舉辦公投，結果百分之九十八的坪林鄉民贊成開放；二〇〇三年十二月高雄小港區有六個里的里民，針對轄區內設置醫療廢棄物焚化爐進行住民投票，投票結果有百分之九十七的區民反對興建。這麼高比例的住民所呈現的意見，以民主政治的邏輯，是不是政府就應該依照上述公投的結果施政？以實際的情況來看，答案並非全然如此，核四繼續興建、坪林交流道仍然沒有完全開放，這樣的政府是不是反民主？

「人民當家作主」是民主政治最響亮、也最吸引人的口號，但是理想上在民主政治作主的「人民」，必須是以「公民」的身分出現。在自由民主國家中，每一個法律上的成人，都具兩種身分：平民（就是前面提到盧梭所稱的「臣民」）和公民，前者是人民在私領域的身分，而後者則是人民在公領域的身分。如果公投是以平民的考慮作為基礎，「私利」就會成為其決策的指標。因此貢寮鄉居民當然反對在貢寮興建核四、坪林鄉居民當然希望北宜高的坪林交流道能夠開放。同樣的邏輯，任何一個地方的住民都不希望電廠、變電所、垃圾場、焚化爐等對環境會造成污染的公共設施，建在「我家後院」。如果稅收問題可以完全由人民決定，相信絕大多數人民會投票支持減稅，甚至不要抽稅。但是「不在我家後院」的邏輯是自相矛盾的，因為除非不要垃圾掩埋場，否則一定某一個人的「我家後院」必須是垃圾掩埋場；除非國家的經營不要花錢，否則政府做越多事、花越多錢，一定越違反人民不願意繳稅的私心。

因此當我們考慮公共政策時，如果大家都站在私人利益的角度考量，像垃圾掩埋場、焚化爐這類討人厭的公共設施，一定會造成衝突和抗爭，而抗爭的結果是：還是要建，除非從此以後人民自己處理垃圾。如果從整體社會的角度來看，這樣的結果顯然是荒謬的，因為社會付出抗爭的成本，結果卻是回到原點。

因此在一個成熟的民主社會，這種無謂的代價應該是越少越好，關鍵在於人民必須在面對公共政策時，適當地扮演「公民」而不是「私民」的角色，而所謂「公民」就是人民在扮「統治者」時的身分，公民進行決策思考時，起心動念應該都是公共利益。民主國家中，當人民在定期進行投票時，所做的決定就是統治者的決定，不論投票的內容是政策或候選人，投票的結果就是人民身為統治者所做的決策。

以總統選舉為例，如果大多數人民支持某位候選人的理由是：這位候選人的母語和自己一樣，聽他講話有一份親切感，而「母語和自己一樣」是「私」的理由，和自己出身同一個母語家庭的人，有可能是一個治國無方、貪婪自私的人，而這樣的人對社會整體可能會造成災難性的損害，遭殃的還是人民。因此一個民主國家會產生無能的總統，罪魁禍首其實是無能的投票者。也就是說，投票者沒有扮演稱職的「公民」角色，政治領域才會「私心」氾濫。

公民是什麼？

二〇〇六年七月大學招生委員會聯合會決定，「公民與社會」確定列為大學指定考試的考科，這個事件引起社會正反兩極的反應，反對者認為這會加重學生的負擔，而且考試會流於形式，根本無法用考試培養學生的公民素養；贊成者則認為，當前社會功利主義盛行，在考試引導教學的趨勢下，確實有必要強化學生的公民教育。有些記者曾經為了這件事情徵詢我的意見，我的回答是：「最根本的問題不是該考或不該考，而是：要考些什麼？」

美國學者波義爾(Ernest Boyer)在一九八七年針對美國大學做了一項調查，調查中一項最顯著的議題是：高等教育的目標應該是什麼？報告中有一章叫「From Competence to Commitment」。在這章中波義爾指出，研究中最令他們印象深刻的是，今天的學院教得最成功的是能力(competence)：按表操課、蒐集資訊、很會考試、熟悉專門領域細節的能力等，但是不論哪一種專門技術，都遺漏掉一些真正重要的問題：教育是為了什麼目的？培養能力去追求什麼目標？波義爾認為，生命中那一段應該塑造價值觀、最具創造力的階段，這些議題卻被邊緣化，這是一個悲劇。讓學生在大學階段仍然陷在制度的慣性以及學術界狹隘的例行公事之中，這是一個重大的錯誤。

透過這個大規模的調查研究(研究對象包括二十九個大學和學院)，波義爾和參與研究的同事對研究成果最後的結論是：大部分的大學教育只重視能力，而輕視大學對社會未來的承諾(commitment)。換句話說，當時的美國大學教育已經偏離立國者的公民使命、遺忘其原先賦予的公共目的。如果用我們的話來說，高等教育已經遺忘了原來最重要的使命：培養社會未來的主人翁。

因此學者針對美國高等教育的政治和道德教育提出呼籲，認為現在應該是重新思考高等教育的公共目的的時候。因為隨著全球依賴度的增加、舊社會問題的持續、新社會問題的出現，尤其美國種族和族群問題帶來高昇的緊張關係，如果大學生要對這個世界產生積極的力量，他們不只要擁有知識，而且要把自己當成一個社群的成員；而要做一個對其社群有所貢獻的負責成員，他們也必須願意為公共利益而行動。換句話說，學校應該重新關注如何培養學生成為具有公共道德的未來公民，因為社會未來的主人翁應該具有公民品德(civic virtue)，也就是為社群整體的利益而行動的一種氣質傾向(disposition)。

雖然這是美國學者對美國教育現狀的看法，但是我國大學教育職業化的傾向似乎不遜於美國，我國大學熱門科系的排行榜，長期以來一直都是以實用為唯一標準，民國六十年以前甲組聯考第一志願是台大物理系，民國六十年以後變成台大電機系，原因是民國六十年左右，高中生盛傳美國物理博士畢業後找不到工作，從此以後理科沒落、工科抬頭。最近又受到生命科學熱的影響，大學許多科系紛紛改名，以因應「市場」需求。以台大為例，動物系自從和植物系合併改為「生命科學系」以後，入學成績大幅提高。

當前不只學生把教育當成就業訓練，大學老師也有這樣的功利傾向。現在大學科系自主性提高，各系學生必修課程的規劃不再像以往由教育部設計，而是由該系老師自行決定，這項變革使得大學各科系的必修科目幾乎完全是該科系的專業課程。以哲學概論這門課為例，以往在台大是很多系必修或必選之一，現在幾乎接近全部被取消的地步。由此可見，我國當前教育的職業化、不重視公共目的的情形，也是相當嚴重。

如果「公民與社會」科的教材內容只是有關公民基本常識，可能很難達到贊成加考該科者心中的理想，因為這樣做，確實只會增加考生的額外負荷，就像有法律常識的人不一定守法一樣。對抗社會功利和現實取向所需要的，並不是公民常識，而是公民品德。

「公民」是什麼？這好像是一個不值得問的問題，一般人都知道，按照中華民國的法律規定，年滿二十歲、沒有遭褫奪公權的人就是公民，但是這種法律意義的公民並不是我關心的，道德意義的公民才是我關注的焦點。根據亞里斯多德的說法，「公民」就是一個同時適合於統治和被統治的人，也就是說，公民同時具有主動制訂法律和被動服從法律的特質。亞里斯多德也認為人是政治動物，這指的是政治上的成就才是人類自我實現的最高目的。，所以他心目中的理想公民必須具有兩個特點：一、具有將公共利益或公共善(public good)置於私利之上的氣質傾向；二、有能力獨力思考。因此他認為，只有擁有財產的成年男子，才夠格當公民。

亞里斯多德的「公民」資格具有排他性，這樣的想法當然不會被現代社會接受，但是如果充分理解他將女性排除在外的理由，應該可以掌握前面所謂道德意義的「公民」概念。由於「公民」在從事公共決策時，所扮演的是統治者的角色，而合格的統治者應該以「公共利益」作為評估政策的標準。他認為一個人一旦擁有豐厚的財產，就不會謀取私利，而專注於公益，所以有財產的人才能符合公民的第一個要件。

那為什麼是有財產的成年男子？因為在當時社會的家庭生活，女性都是依賴男性而生存，亞里斯多德認為，一個人在經濟上如果不能獨立，也不可能具有獨立思考的能力。當然這也許並非女性先天能力不足，而是受到優勢權力者的限制使然。舉例來說，如果你是一名家庭主婦，先生出外賺錢養家餬口，你的政治主張可能就不敢和先生不同，因為先生可能透過經濟上的掌控，進一步掌控太太的思想和行動。就像公司員工的政治立場，往往不敢公然和老闆唱反調一樣。

你夠格當公民嗎？

根據上述亞里斯多德對「公民」的定義，用「不在我家後院」的思考模式支持或反對公共政策的人，不夠格當公民；基於省籍考慮決定投票對象的人，不夠格當公民；用自己的標準決定誰「愛台灣」的人，不夠格當公民；黨派利益優先於國家利益的人，不夠格當公民，因為這些人都是只具有「私利」的眼光和胸襟，卻扮演統治者的公共角色。

同樣的，憑對候選人的感覺或印象投票的人，不夠格當公民；被媒體完全說服的人，不夠格當公民；聽長輩的意見決定一切的人，不夠格當公民；被「兩顆子彈」事件改變投票對象的人，不夠格當公民；在不瞭解內容和對象的情況下進行投票的人，不夠格當公民；追隨大眾意見隨波逐流的人，不夠格當公民，因為這些人都不是真正「自己」作主，所以違反「民主」的真諦。

如果從亞里斯多德的觀點檢驗台灣的現狀，可能多數的台灣人民並沒有真正當家作主，也不具有當家作主的能力，所以我們的公民只有形式或法律的意義，而缺乏實質或道德的意義。當一個民主國家的公民沒有能力作主，或缺乏作主應有的品德時，就是一個容易讓政客生存的環境。一個候選人只要打著「愛台灣」或「本土」的旗幟，就可以吸到選票，就是這個道理。這種競選策略其實是一種愚民策略，也是一種羞辱選民的作法。但是反過來說，確實也有一些人民缺乏「公共」的思考模式，才會只看「本土」，而忽視候選人的品格和內涵。

如果人民具有公共精神，面對公共事務時，有能力跳出私人格局，公益先於私利，則我們社會發生的許多亂象就會消解於無形。譬如：如果大家都是合格的公民，沒有人只因為自己家住貢寮，所以反對在貢寮建核四；沒有人因為居住在內湖而反對內溝興建第三垃圾掩埋廠；沒有坪林人因為住家方便，所以支持北宜高開放坪林交流道，而不顧大台北水源的污染問題；沒有人因為省籍或私人特有的偏好選擇候選人。

換句話說，如果大家普遍具有「公」的品德，在面對這些公共議題時，會暫時忘了自己家住哪裡、省籍是什麼、屬於哪一個族群，而完全從社會整體的長遠利益，決定自己是支持還是反對。如果用一個比喻，所謂公民，就是人們在面對公共政策或公共議題的決策時，盡可能做到「忘了我是誰」，這樣所做的決定才是無私的，也才是合格公民應有的品德。

以賄選為例，最能夠顯示公民品德的重要性。幾乎每次選舉，尤其是地方型的選舉，都是「賄聲賄影」，政府不論採取任何抓賄手段，總是道高一尺、魔高一丈。候選人採用行賄的方式競選，當然不是真的為了「爭取替人民服務的機會」，而是盤算當選之後可以撈更多回來，這樣的邏輯其實很簡單，幾乎大多數人民也都知道，可是為什麼賄選還是存在呢？因為還是有很多人民貪圖自己立即獲得的小利，至於候選人當選以後會怎麼樣，他們抱持的態度是：公家的利益反正和自己沒有立即相關。

如果每一個公民都具有公共精神，握有任何買票的證據一定舉發，賄選自然就會絕跡，因為用全民當耳目，賄選者完全無所遁形；即使在轉型期採用消極、違法的「錢照拿、票不投」策略（我不鼓勵這樣的行為，但是基於傳統型社會的人際網路，有些被賄選的對象，往往基於人情而不得不收賄，這雖然違法，但對底層社會的人來說，人情壓力重於法理，因此採用這種消極方式說服他們，似乎可以解釋為「以較小的不正義消除更大的不正義」），也會使賄選失去效果。如果這樣，將來還會有誰從事賄選？因此與其窮盡行政手段抓賄，不如改變人民的觀念，只要人民具有公共品德，「賄選」在全國各地一定會慢慢消聲匿跡。

培養公德心是累積社會資本

美國有一個交通號誌，八角形紅底白字，寫的是「STOP」，在交通不太繁忙的十字路口，通常會出現這個號誌，車子開到這樣的路口，既沒有交通警察，也沒有照相裝置，但是幾乎每一部車都會停一下，然後再開。台灣其實也有這樣的號誌，也是八角形紅底白字，寫的是「停」，但是看到這個號誌的司機，幾乎是視若無睹。在台灣不只是「停」這個號誌沒有用，即使紅綠燈也不一定能有效管制行人或車輛。我常常提醒台大學生，穿越新生南路到對面麥當勞的紅綠燈口，千萬不要看到綠燈就往前衝，因為幾乎每次都會有機車闖紅燈。

為什麼同樣一個交通號誌在美國有用、在台灣卻沒用？這就是公德心的問題，美國社會的駕駛人對於遵守交通號誌已經養成一種習慣和共識，所以不需要用懲罰的方法，也會自動遵守。相反的，如果有人違反這些公共規範，則會受到道德的譴責。譬如：到迪士尼樂園遊玩，每一個景點一定要排隊，而幾乎沒有人不排隊，因為不排隊者會受到「千夫所指」的良心壓力。如果必須靠外力才能維持秩序，迪士尼樂園必須雇用相當多的警衛或保全，才能達到排隊的效果。由於美國社會已經普遍養成「排隊」的共識，所以迪士尼樂園可以減少許多無謂的社會成本。

台北市上下班時間是交通最繁忙的時刻，重要的交通路口幾乎都可以發現四名警察指揮交通，以往沒有採用這種措施時，路口很難淨空，車輛常常會打結，因為大家都想搶最後的綠燈，即使前面已經塞住了，還是照樣開過去，等自己的方向變紅燈，車子就停在十字路口中央，阻礙交叉方向的車流。每一個人都會盤算：「這樣我至少可以少等一個紅燈。」但是因為大家都自私地這樣想，結果你雖然在這個路口少等一次紅燈，卻因為前面路口的駕駛也這樣做，路口沒有淨空，車流量減少，其實你已經額外等了很多個紅燈。如果大家都養成遵守交通規則的習慣，台北市不但不需要加派警察指揮交通，而且每一個駕駛一定比平常早到家，但這需要大家都有公德心，否則遵守規則的人反而更倒楣。

台北市大安森林公園曾經設置「良心傘」和「愛心腳踏車」，前者方便在公園休閒突然碰到大雨的市民，而後者則可以增加公園的另一種運動器材，但是現在都不見了，我常開玩笑說：「因為良心和愛心都被帶回家了！」台北市曾經雷厲風行地掃除路霸，但通常是警察出現時，路霸不見了，警察一走，路霸又跑出來了。其實不論交通號誌、排隊、健保、良心傘、清除路霸，廣義地說都是制度，但是良法美意如果人民缺乏公德心，似乎也是枉然。

如果大家都有公德心，根本不可能出現路霸；如果大家都懂得珍惜公共資源，健保制度不會岌岌可危；如果大家都不亂丟垃圾，我們不需要這麼多的清道夫，而這些人力可以轉而投入其他的生產工作；如果大家在捷運或公車上都讓座給老弱婦孺，人情味一定會增加，社會一定更溫暖。公德心可以減少社會成本，可以拉近人的心靈距離，所以一個公德心越普遍的社會，社會的資本一定更豐厚，活在這裡的人也一定比較充實、快樂。

家庭的品德教育

我從小在農村長大，父母沒有受過教育，由於家庭窮困、子女眾多，父母能分給每一個子女的時間和心力，實在非常有限。但是現代社會經濟富足，子女較少，大部分父母都受過國中以上的教育，對於子女教養幾乎是現代父母最重視的課題。我常常說自己「生不逢時」，因為小時候的教育要求我們要「孝順父母、尊敬老師」，好不容易自己熬到為人師表、當人父母，可是時代卻變了，現在要求的是「孝順子女、尊重學生」。這雖然是一個玩笑，卻可以說明當前父母對子女的關注遠甚於往昔。

扭曲的教育

天下父母心，沒有人不希望自己的子女將來能夠幸福美滿，但是在功利價值觀的引導之下，許多家庭在教育子女的方向和方法上，常常和幸福背道而馳。幸福人生最重要的是價值觀，尤其是品格的培養，但是現代父母關注的，幾乎都是孩子是不是能夠「出人頭地」，而出人頭地的標準幾乎都是學業。

在競爭激烈的現代社會，許多父母擔心自己的子女輸在起跑點上，所以非常重視下一代的教育。坊間各種才藝班林立，包括鋼琴、珠算、心算、作文、美術、電腦、英文、舞蹈、書法等琳琅滿目，這不但反映社會實際的供需，也反映出現代父母流行的教育觀。許多兒童在小學前，除了正常作息之外，幾乎每一分鐘都在學習，父母深怕任何一分鐘的浪費，自己的小孩就會不如人。

童年幾乎是一個人一生當中唯一不需要憂煩愁苦的階段，讓孩子從小就感受競爭的壓力，剝奪其本來應該是充滿歡樂的時光，這樣的學習有沒有實效？會不會對往後的學習反而有不良的影響？無論如何可以肯定的是，這樣的童年不會是一個美好的回憶。事實上除了極少數的天才，很少人真的能十八般武藝樣樣精通，所謂「梧鼠五技而窮」自古即有明訓，現代父母難道不懂？

其實要孩子學習才藝，目的也不是為了培養孩子藝術氣質，或增加孩子的人文修養。一位朋友送他的兒子去學樂器，至於樂器的名稱實在太不通俗，我已經忘了，記得當時我曾經問他說：「為什麼學這種樂器而不學鋼琴？」「因為鋼琴太多人學，不容易被當成特殊才藝。」他的回答有點出乎我意料之外，這位朋友的出發點是希望兒子學點特殊才藝，這對將來升高中會有所助益。

這些年來教育改革的結果，類似例子應該不少。以高中的多元入學為例，這個方案實施的結果，不但傳統的學科補習班照樣生意興隆，連音樂、美術、體育都有人補習，「五育並重」的教改理念，在實踐上似乎只造就了更多的「五育補習班」。而更諷刺的是，五育均衡並沒有真正成為升學的主要依據，對一些「明星高中」來說，由於對其他才能的考核只用簡單的量化，所加的分數和學測總分相較實在極為有限，因此申請入學最關鍵的參考，還是基本學力測驗的成績，幾乎喪失「多元」入學的精神。

再加上教材一綱多本，當然只有補習班才有能力整合各類教材，這也間接助長補習風氣。根據調查統計，教改實施十年，全國各類補習班成長五點八倍，以升學為主的文理補習班的成長率更高達八點一倍；至於參加補習的學生數以台北市為例，國小學生的補習人口高達百分之七十四點一三，而國中生也有百分之六十三點二五。補習情況嚴重，不但使窮苦家庭的小孩升學機會減少，也完全背離教改的初衷。

單一的價值觀

其實教改失敗、補習班盛行最大的隱憂，是支持這個趨勢背後的價值觀，這個價值觀也是造成現代社會總總病態現象的動因，那就是只重外在成就、不重內在品德的價值觀。我的兒子小一升小二那年的暑假，因為母親要到美國進修一年，所以二年級在美國就學，三年級回台灣轉到離家較近的另一間小學，班上同學一個也不認識。三年級下學期他們班上選模範生，結果我的兒子居然當選了，老師卻當著全班同學面前說：「你們怎麼選這種人當模範生？」言下之意是這個同學成績又不是很好！四年級我將兒子轉出這所學校。

「功課好才能當模範生」好像是理所當然的事，「學業成績好」似乎是教育體系裡唯一的價值，這種荒謬、錯誤、一元的觀念，其實就是教育最重的病根。我兒子的老師幾乎從來沒有想過：一個新轉來的學生，不到一年就可以選上模範生，一定有他的長處。也許她想過，但是在她的價值觀裡，除了成績以外的長處，似乎不值得當別人的表率。

許多小朋友從小功課不好，老師或家長對他的評語是：「沒出息！」但是有人喜歡功課不好嗎？有人能選擇自己的智商要高還是低嗎？如果我們天生的資質無法自己決定，有什麼理由譴責一個孩子，只因為他書讀不好？這樣的孩子從小就被羞辱，長大以後怎麼不會對社會充滿敵意？

父母如果真正關心子女的幸福，應該鼓勵孩子發揮自己的潛能，不需要用單一的價值觀（學業成績）要求孩子。如果父母或學校不能改變「萬般皆下品、唯有讀書高」的觀念，升學主義風氣不可能遏止，教改不可能成功，而孩子也不會快樂。事實上真正決定孩子幸福、而且不受先天條件影響的因素並不是學業，而是品格。

幸福有排行榜嗎？

記得小時候能有醬油拌飯，已經是人間美味。一直到高中畢業，唯一的衣服就是學校的制服。我的父母沒有受過像樣的教育，他們對我最大的期望是：賺錢以改善家境。但是儘管如此，父母對我們的品德卻非常重視，許多淺顯的為人處世道理，父親都是透過聽來的稗官野史傳達他對我們的期待，聽了不知多少遍的知足常樂的故事，是我貧苦中最佳的慰藉。在我的印象中，四十年前的台灣雖然普遍貧困，社會卻一片和諧，人與人之間熱情友善，地方上受人敬重的，不是土豪劣紳，而是年高德劭、熱心公益的有德之士。

現代社會功利主義盛行，倫理隳壞、道德淪喪，許多人都把這個失序的狀態歸咎於政治人物、大眾傳播媒體。事實上一般家庭對子女有形成就的重視，而完全忽視其人格和德行的陶冶，才是功利氣息最重要的推波助瀾者。現代社會大多數人汲汲營營追求的，不是名就是利，為了名利，任何手段都可以合理化，所以以往認為寡廉鮮恥、傷風敗俗、禽獸不如的行徑，現在只要是有利可圖，照樣趨之若鶩。其實現代父母教育子女的觀念，就是鼓勵子女爭強鬥勝，他們心中所謂的「出人頭地」，就是功成名就、富甲一方。

如果一個人一心一意追求功名利祿，由於名利具有某種程度的排他性，為了成功，常常是「有他無我」、勾心鬥角、無所不用其極，這樣的價值觀和處世風格蔚為風尚，所造成的影響是：人彼此成為工具、相互利用，人際間猜疑日深、人情澆薄、人味盡失。

此外有名有利就代表幸福嗎？如果幸福和金錢多寡成正比，現在應該有一個幸福排行榜，第一名是郭台銘，因為他是台灣最有錢的人；如果幸福和名位相對應，那全台灣最幸福的人就是陳水扁，因為他職位最高。但是真的是這樣嗎？郭台銘是否幸福我不得而知，但是我肯定他不是台灣第一幸福的人。至於政治人物雖然擁有高知名度，但是人民對他們的評價幾乎都是負面的，而且他們彼此之間為了爭取名位，互相謾罵、攻訐、羞辱，這樣的生活應該也稱不上幸福。

事實上很少人滿意目前台灣的社會風氣，大部分人都在抱怨社會功利主義氣息過濃，可是很少人意識到自己其實就是功利心態的奉行者；大家只會拚命詛咒社會的黑暗，卻完全忘記自己的污穢；每一個人都在期盼美麗的天堂，卻很少人警覺到天堂不會自己掉下來，而是需要人們用心血經營創造。

獨裁者的不幸

其實一個美好的社會需要優良品質的公民，沒有人能活在一個私欲橫行的社會而能美滿安適。基於這樣的理念，我認為對下一代的教育，最重要的不是才藝的雕琢、知能的充實，而是高尚人格和品德的陶鑄。培養子女良好的品格，就像給他們一筆無形的財產，取之不盡、用之不竭。因為一個具有良好品格的人，會被別人相信、尊重，也是人們願意合作、幫助的對象。

柏拉圖在《理想國》中就證明，最不道德的人是最不幸福的人，他舉的例子是獨裁者。

獨裁者為了滿足其貪婪和物欲，毫不猶豫地採取任何手段，欺騙、暴力、謀殺等，任何無恥的行為都百無禁忌。柏拉圖認為這樣的人在世間沒有任何朋友，他的追隨者都是阿諛諂媚的人，他雖然擁有一切的權力，但只是表面上看起來是幸福的，其實他的內心是最悲慘、最不幸的。因為他每天都淹沒在恐懼當中，他不敢相信任何人，經常擔心那些被他奴役的人會反叛和攻擊，所以自己反而變成奴隸：他不敢出外旅行、不敢參加節慶，只能躲在自己的家裡，他的家就像是他的監獄一樣。

《理想國》最重要的論證就是要證明：幸福和道德是成正比的，越有道德的人越幸福。柏拉圖的論證不一定能完全說服現代人，但是他對道德和幸福之間的看法，確實有一定的道理。所以任何一個希望子女未來生活幸福美滿的父母，對於品德教育都不能等閒視之。

心中常有別人

對子女進行道德教育，最忌諱的是喊口號，所以我認為每一個家庭都應該有一套自己的家訓，作為品格培養的主軸。碰到任何道德問題，都從這個主軸去推衍和解釋，反覆推敲，加深子女的印象，尤其自己要以身作則，這樣才會有說服力。我們家的道德主軸是「心中常有別人」。

道德教育最重要的關鍵在於去除私心，基於人的自然本性，小孩子在面對事情時，很容易用「我要如何如何」、「我喜歡什麼」之類的理由，合理化他們的行為。只要我認為他們所要的或喜歡的不合道德，我最常用的方法是反問他們：「如果你是別人，你會怎麼樣？」

我女兒小時候和小她四歲的弟弟爭執時，我會問她：「妳喜不喜歡和一個只為自己著想的人在一起？」「自私自利的人可不可愛？」她的答案當然是否定的，然後我會藉這個機會告訴她：「如果妳不喜歡只為自己著想的人，妳就不應該只在乎自己的快樂而不在乎別人的感受。一個會被別人喜愛的人，是因為他常能為別人設身處地，所以可愛的人是心中常有別人。」

雖然對一個幼齡的孩子而言，並不能一下子就領悟「心中常有別人」的深意，但是只要實際生活中一有機會，我會透過不同的說詞和事例，不斷重複這樣的觀念，到現在，任何人只要問我女兒：「妳父親最常告訴妳做人應該怎麼樣？」她一定能立即回答：「心中常有別人。」儘管在日常生活中，我女兒仍然難免會表現出自我中心的舉止，但是只要我稍加提示，她馬上知道自己錯在哪裡。

我兒子在國中一年級的寒假，主動響應學校的徵召，每天到學校清理環境。那年冬天幾乎天天下雨，天氣又溼又冷，落葉沾著雨水，在水泥地上像是黏上去的一樣，不但很難清掃，而且堆積到垃圾桶以後又特別沉重。和我兒子同組的是一位女生，她因為力氣不足，搬這些垃圾顯得極為吃力，所以每天最吃重的倒垃圾工作就由我兒子負責。回家常常聽兒子抱怨說：「那個女生都抬不動垃圾，每次都是我幫她！」抱怨歸抱怨，他每天仍然會自動去幫她。其實我兒子深知父母喜歡他幫助別人，抱怨只是「告知」我們，他應該受到鼓勵而已！

到現在為止，我們家的小孩從來沒有一次在外面亂丟垃圾，因為他們從小就常常聽我們這樣說：「沒有人願意活在一個髒亂的環境，所以只為了自己方便亂丟垃圾，就是沒有想到別人。」我記得我兒子在讀幼稚園的時候，有一次全家到宜蘭羅東的運動公園，他邊走邊撿垃圾。其實就是這樣的品德要求，所以他在小學三年級剛進一個陌生的學校，不到一年就可以選上模範生，因為一個常會替別人設想的人，一定會受到別人由衷的喜歡。

現在我的女兒在讀大學，每次回家都會告訴我們一些同學的生活瑣事，最常聽她提到的是：「某某同學太自我中心，每次都只想到自己，我不喜歡她。」可見她對朋友的好惡，是以「是否為他人設想」為標準，顯然「心中常有別人」的家訓，已經融入她的生活之中。

誠如亞里斯多德所言，品德就是一種習慣和氣質傾向，我也希望「心中常有別人」成為我子女習慣性的警語，我認為不論將來他們事業是否有成、物質是否豐厚，「心中常有別人」就是一個令人喜愛的性格，而這種性格也會成為一筆無形的資產。與其功成名就卻缺乏他人真誠的關懷，我寧願自己的子女精神富足、廣結善緣；與其才能出眾而心高氣傲、目中無人，我寧願他們資質平庸卻溫柔敦厚、正直善良。

功成名就的人會讓人羨慕，但是品格高尚卻會讓人尊敬；讓人羨慕的人通常是他的地位、事業或財富高人一等，別人羨慕的是這些有形的成就，是想取而代之他的身分，而不會關懷他這個人；而讓人尊敬卻是活在別人心中，別人真正關心的是這個人，別人會在乎他是快樂還是痛苦。我寧願我的子女將來被人尊敬，而不是讓人羨慕，因為我寧願他們將來能被別人真心關懷，而不是成為別人想要取而代之的對象。

有品德的人當然比較接近幸福，所以品德教育應該是家庭教育的核心。

中小學的倫理教育

二〇〇六年四月教育部的部務會報修正通過一項重大規定，即自民國九十五學年度開始，逐年取消國中小學生的操行成績（現稱為「日常生活評量」），日常生活表現只能依據學生的行為事實記錄，也不能出現「品學兼優」、「樂觀進取」、「品行不良」等綜合性評語。中教司和技職司也在研究廢除高中職操行成績的可能性。

根據教育部訓委會常委表示，行為表現是個人人格的彰顯，以成績或等第的方式評量學生，形同貶抑學生尊嚴，違背世界人權宣言第一條所揭櫫的平等尊嚴精神，也違背我國教育基本法強調尊重基本人權的教育目的。

教育部人權委員會也同時呼籲廢除高中職及大專生的操行成績，但是由於大學自主，教育部只能發函希望各校尊重學生人權。而高中職操行成績涉及大學院校申請和推甄入學，各方意見不一，教育部仍在努力。

用打分數的方式評量學生的品格，似乎是不恰當的，所以教育部的作法應該是正確的，但是一向以「成績」導向、考試引導教學的中小學教育，會不會因為操行不算成績，從此學生的品德教育變得比較不重要？所幸除了操行成績之外，中小學仍然有一些學科和道德教育相關，譬如：生活與倫理、公民與道德等。

道德要怎麼教？

相信日常生活中大家常常會聽到或碰到類似以下的情節：

一位父親帶著兒子要過馬路，父親觀看馬路四周，發現沒有車子，於是打算穿越，這時候讀小學的兒子對他說：「爸爸，我們老師說紅燈的時候不能過，要等到綠燈才可以走。」

母親在收拾餐桌時，把所有的殘餘物全部丟到垃圾桶，這時候小女兒說：「媽媽，我們老師說地球只有一個，所以垃圾必須分類。」

我們通常會發現，小學生是最守規矩的，只要學校的老師教什麼，大部分的學生都會奉為圭臬。也許這是因為這個階段的小孩比較容易服從權威，尤其老師在他們的心目中，比父母的權威更具有神聖性。所以我曾經建議政府官員，有些政令宣導最有效的方法是從小學生入手，政府對某些需要人民配合的政策，可以透過對小學生的說明，讓他們回家後告知其父母，有時候這些學生反而變成政府的尖兵，會要求甚至督促其父母配合政府的政策。

但是等孩子進入中學階段，叛逆性格逐漸明顯以後，老師的權威也在遞減，這時候的道德教育不能再依賴外在的權威。在這個階段的孩子，往往父母或老師告訴他向東走，他偏偏要往西，所以如果學校的道德教育只是告訴他們：不應該這樣、不應該那樣，結果即使不是適得其反，也會被學生斥為「教條」、「八股」或「老古板」。

由於「道德」要求人們去從事的行為，常常和人的私心對立，也常常會違反「自我」的意識，所以當孩子漸漸長大，自我意識逐漸升高，道德教育就會變得更為困難。因此這時候的道德教育，「理性的權威」比「老師」這個職位的外在權威更為重要，因為面對一個自主欲望高張的青少年，用講道理的方式談道德，顯然比用權威命令的方式有效。換句話說，用講道理的方式教道德，用理性的權威說服學生，道德教育才不會淪為教條、口號。

補修「倫理學」，培養講理能力

由於哲學教育在國內並不受重視，所以大部分的中小學老師除非是哲學系畢業的，否則幾乎都缺乏道德推理的訓練，因此在從事道德教育時，所陳述的道理幾乎都是一些普通常識，很難不讓學生譏為陳腔濫調。尤其國內教育體系普遍不知道道德也有理論，不知道倫理學是哲學領域中的一門專業，因此類似「生活與倫理」、「公民與道德」的課程，大部分都是配課用的。如果專業科目老師的鐘點數不足，最常配的課就是這類的課程，這背後的邏輯是：誰都可以教道德。

由於道德教育本來就容易流於形式，所以是最難教的課，因此如果這種課丟給對這個主題只具有普通常識的老師，當然很難激發學生的興趣，更遑論被學生重視。因為老師所講的道理和父母的說法並沒有太大的出入，也和社會一般人的想法類似，所以學生早就已經聽慣、甚至聽膩了，這樣的教學當然不容易產生實質的效果。

因此中小學從事道德教育的老師，其實都必須補修「倫理學」的課程。倫理學又稱道德哲學，是哲學研究中的一個重要領域，是用哲學的方法研究道德。所以倫理學這門課的主要目的，並不是要傳授如四維、八德、三綱、五常之類的道德訓條，而是要研究人類道德現象形成的理由、日常道德規範背後的理性基礎、道德判斷的特質、道德的本質等問題。所以這門課主要是以說理為主，只是說理的內容是一般人所熟悉的倫理道德而已。因此倫理學不是教一些八股式的做人道理，而是探討：為什麼人類社會中會產生道德教條？道德的意義和功能是什麼？

由於哲學學說中並沒有標準答案，所以哲學課程主要的目標是：學習思考和反省問題的能力和方法。因此倫理學的教學，是要使學習者對日常生活中的倫理道德問題，能進行系統性的理解、認知倫理道德的理性基礎，並對道德問題和道德判斷的複雜性有所認知，這樣才能對日常生活中的道德問題，具有理性反省能力，並對道德在人類社會的定位具有深刻的認識。

倫理學是所有哲學研究中，和日常生活最為相關的研究領域。但是由於倫理學是以哲學的方式探討倫理道德問題，所以它可以培養學習者的哲學性思考。而所謂哲學性的思考，就是強調推理和論述。只有透過講道理的過程，道德律令才不會變成死的教條，也才具有說服力。

所以除非老師對於道德問題具有講道理的能力，否則道德教育很難落實。譬如：老師如果能用道理說服學生：人為什麼需要互相幫助，這些說服他幫助別人的理由，將會成為指引他日後行為最有力的內在權威。當一個人被道理說服而去從事道德行為時，等於是他自己做的決定，而不是被外力所迫，因為那些道理也是他自己所接受的道理，這就是康德所謂道德行為是「自律」的道理。

所謂「自律」就是自己約束自己，只有當人們把道德上的規定和要求內化成自我要求時，道德教育才算真正成功，因為這時候人們是心甘情願地從事道德行為，自願地遵守道德規定。而只有透過說理的方法教道德，才可能達成這樣的結果。因此我認為，中小學教道德的老師如果缺乏倫理學的訓練，實在很難勝任道德教化的工作。

公德應該是教學重點

由於自由社會的每一個人在非公共領域都享有自由，因此必然會在這個領域出現價值觀歧異、多元的現象，而對於彼此之間的差異，自由主義要求彼此容忍或尊重。基於這種不可避免的多元差異，我們很難在這個領域中要求所有人的道德觀是相同的，譬如：現在越來越多人認為未婚生子不算什麼；也有人認為男女在結婚前先同居，似乎是不錯的構想；現代的年輕人即使不喜歡另一半「劈腿」，但是他們大概也不認為「劈腿」是一件極不道德的行為。

另外有一次，小妹一家人從桃園來台北，我打算請他們吃晚飯，但我太太告訴我她已經和學生有約，所以不能和我們一起吃飯，兩全的作法是我們就到她和學生約好的餐廳用餐，這樣她就可以先陪我們。大約六點半我們就到了餐廳，她和學生約的時間是七點，所以她可以陪我們一起先吃點東西，結果一直到七點二十分，完全看不到她的學生蹤影，也沒有人打手機給她。最後我太太只好主動聯絡其中的一位，她回答我太太說正在來程的途中。等我們差不多已經吃完飯了，兩位學生才到齊。

我太太告訴我，是這兩位學生主動約她，說要請她吃飯，結果兩個人都遲到將近半個鐘頭，而且據我太太事後告訴我，他們並沒有對遲到而讓老師久等這件事，表達任何的歉意。我因為先離開，和她們打招呼的時候顯得有點冷漠，她們才問我太太說：「林老師是不是生氣了？」於是我太太藉機告訴她們說：「林老師最討厭人家遲到，尤其認為遲到是理所當然，一點也不感到愧疚，是對別人的不夠尊重。別人的時間也是時間，即使因故遲到，也一定要說一聲『對不起』！」

約會遲到好像是年輕一代習以為常的事，所以遲到也不用向對方說抱歉，這樣的道德觀顯然和我有很大的差距。但是這是私德，似乎我也管不上，只要年輕人彼此不認為這是很重要的，我尊重他們的約會習慣。換句話說，有些只涉及個人之間的道德標準，只要不會影響到其他人，只要兩廂情願，似乎沒有人有權利干涉，那是個人的自由。

由於中小學教育是公共教育，目的應該是培養未來公民，因此中小學道德教育的重點應該是公德而不是私德。學校老師可以分析學生未婚懷孕會有什麼樣的後果、遲到是一個彼此浪費時間的行為，也就是說儘管老師可以透過說服、勸告的方式教導私德，但是卻不一定也不必預期能達成目的，因為私德是個人可以自由決定的部分，老師在這方面的道德標準不一定能被學生接受，因此私德的領域不必成為學校道德教育的焦點。

譬如：老師不必特別教導學生應該孝順父母，孝順父母是私德而不是公德，如果子女不孝，倒楣的是自己的父母，所以教導子女「孝順」是父母的責任，而不是老師。譬如：節儉，這種品德也是私德，一個人是否節儉，只會影響到自己及自己的家庭，不會涉及他人，所以老師不必特別花心思在這方面的教育。

學校要教的是：不能亂丟垃圾、不能闖紅燈、不能任意欺騙別人、不能違反諾言等道德要求，這些都是公德，因為這些行為會影響到別人或社會。所謂公德就是作為一個「公民」這樣的公共身分，和他人之間相處應該具有的行為規範。也就是說，當一個人在面對任何一個和自己沒有特殊關係的他人時，應該具有的對待方式，就是公德，這也是李國鼎先生多年前提倡的「第六倫」。

在一個越來越趨向個人主義化的自由社會，如何對待和尊重另一個陌生的獨立個體，事實上是建構一個多元、和諧社會的當務之急，所以私德的標準可以因人而異，公德卻必須大家都相同。有人在乎約會遲到，有人不在乎；但是亂丟垃圾的人卻不能說：「我不在乎亂丟垃圾，所以我可以這樣做！」因為亂丟垃圾會污染環境，而環境是共有的、是屬於大家的，沒有人可以基於自己不在乎髒亂，所以就可以製造髒亂。

學校和家庭可以做一個分工，私德教育是家庭的責任，而公德的培養則是學校道德教育的主軸，當然這並不排斥學校可以教私德，而家庭也可以重視公德，區分公德和私德的責任歸屬，只是避免學校承擔太重的道德教化責任，這樣不但會失焦，也會減低功效，更會讓社會把學生所有的道德缺失都歸罪於「學校沒教好」，而忽視家庭對道德教化也有應盡的責任。

教材需要請專家撰述

有關公民與道德課程教材的編撰，應該以倫理學和公民理論為基礎。但是遺憾的是，教育部雖然多次修訂相關課程的教材內容，委託的負責人卻缺乏這方面的學養，所以現在中小學品德教育的教材，內容仍然以四維八德的傳統道德為核心，幾乎沒有針對自由社會的特性，強化自由社會公民最需要的品德。至於公民課本的內容，幾乎都是公民常識，即使提到一些公民道德，也缺乏說理式的論述，因為撰述者並不具有倫理學的理論基礎。

長期而言，有關中小學公民或品德教育的課程，理想上當然應該聘請具有相關訓練的老師來擔任，但以目前師資培育的狀況和教育體系對這方面的認知，這個理想很難在短期內實現。所以從短期而言，最有效的作法是編撰合適的教材，使從事這方面教學的老師，可以透過教材的研讀，增進其相關的素養。因此我認為教育部實在有必要另起爐灶，聘請具有倫理學和公民理論學養的老師，主導相關教材的編寫工作。這樣一來，中小學的倫理教育才不會淪為空談。

校園倫理與學生自治

大學校園文化的轉變，八〇年代的學生運動是一個主要的分水嶺，尤其在解嚴前後，大學生走上街頭表達對政治現狀的不滿，「反權威」和「民主化」是當時知識青年最重要的訴求，民國七十九年發生的「野百合」學生運動是這個時期最重要的里程碑。從傳統的教育觀點，那個時候的大學生是目無法紀、不務正業的，但是從現在的角度來看，那個充滿憤怒、暴戾的狂飆年代，不正是宣洩長期以來威權體制下，普遍受到壓制的自由意志？

大學生的怒吼確實營造社會變革的一個契機，許多習慣於傳統思維的制度和作風，遭到嚴厲的批判和挑戰。而在這個浪潮當中，大學校園舊有的父權主義意識形態(in loco parentis)首當其衝，傳統的圖騰被徹底摧毀，「教授治校」、「學生自治」成為另外一個不能被質疑的圖騰，影響所及，當前大學的現狀是：大學校長普遍由選舉產生、校務會議成為全校最高決策機制、學生政府的成立、學生社團的數量如天文數字在增加。

傳統父權主義式的校園倫理，強化學生的服從性格，確實無法培養具批判反省能力的現代公民，但是民主化以後的大學校園卻也產生一些新的問題。本文將反省當前校園的失序現象，並從大學教育的目的入手，論述校園倫理的再造。

校園民主化所衍生的問題

近十多年來，隨著政治民主化的腳步，「校園民主」是國內各大學校園發展的主流價值，不論是學校的教員或學生，儼然將「民主」當成是引領大學趨向完美的最高價值。然而這種將「民主」全能化的結果，造成快速世俗化的校園文化，使大學失去以往的尊嚴。以下五種現象是當前校園文化最佳的寫照：

校園派系化

校園民主化對大學生態最大的改變是行政主管的產生，在教師和學生自主意識高張的情況下，民國八十年開始，國內各主要國立大學從校長、院長到各系主任，幾乎全部都是用民主投票的方式產生。競爭者為了贏得選舉，成幫結派、討好「選民」、套交情、拉關係，所採用的手段和社會上一般政治選舉候選人的作為，只是五十步和百步之差而已。以這種民主投票選出校園行政主管的方式，產生兩種結果：一、行政主管的學術成就不如人際關係重要，因此現在的大學校園中，充斥著一些能討好多數「選民」的校長、院長和系主任，而不見得比較具有理想、遠見或學術視野；二、派系的產生，人與人之間的交情本來就有深淺不同，選舉將這種交情轉化成實利，強化了教員之間利益的對立和衝突，這使得原本單純的教書生活複雜化，同仁之間相互猜忌、爾虞我詐，甚至形同陌路。

學術政治化

在理想的情況下，校園中所進行的任何決策，「學術理由」應該是最具優位的理由，但是在校園派系形成之後，直接扭曲了這樣的學術倫理。以教師升等為例，決定一位教師是否夠資格升等，按照一般大學的升等辦法，是根據教學、研究、服務三方面的表現來決定，而升等論文學術水準的優劣通常才是決定性的關鍵，但是國內某著名大學就曾經發生過非學術因素決定升等的事件，同一個系的兩位副教授同時提出升任教授的申請，其中一位的升等論文平均得分超過八十分，另一位只有七十多分，但是在院級的教評會開會時，論文分數較低的反而升等成功，而高分的那位不但被否決，而且連續三年皆在院教評會遭到封殺。

幾乎所有熟悉校園生態的人都知道，這種政治立場主導決定學術升等的事件，是政治意識形態掛帥的「學者」，基於政治理念黨同伐異，假藉民主程序踐踏學術尊嚴的範例。這種現象和校園民主化以前不同的是，以往政治干涉學術是外面的政治勢力插手校園事務，而現在的政治干涉學術則是學術界內部的人，以政治的標尺、假民主之名，決定學術的走向，因此校園民主化間接促成學術政治化。論者指出，這種學術政治化在大學校園中出現會更具有傷害性，因為那些披著學術外衣而掩飾其某種「政治正確性」觀點的學者，會吸引青年人起而效之。

校園庸俗化

校園民主化提高學生的自主意識，也扯下大學教授在傳統價值中「高高在上」的形象，在學生運動最高潮的那些年，不但學生敢公然挑戰學校的行政人員，甚至直呼校長名字、公然叫罵。民主化使校園中每一個成員都平等化，「尊師重道」不再是一個美德，甚至是一個落伍的想法。這種「師生平起平坐」的趨勢，不但剷除了校園中的父權觀念，也夷平了大學和社會之間的一道圍牆，校園中的價值觀和社會上的價值觀趨於一致。所以一名社會大眾趨之若鶩的歌手，在校園舉辦演唱會照樣萬人空巷；相對之下，一位學術地位崇高的學者，在校園的演講會反而乏人問津。

現在如果走一趟大學校園，留意一下學生活動的海報看板，實在很難出現純學術性的活動，反而是「吃喝玩樂」的活動琳琅滿目、生機蓬勃。因此如果我們社會一般的主流價值觀是功利的，校園的主流價值觀也是功利的，大學已經失去以往的尊榮，它不再是「崇高理想」、「社會良心」的代稱，現在的大學成員中很少有人思索台大前校長傅斯年先生的一句話：「貢獻這所大學於宇宙的精神。」校園民主化催生校園庸俗化。

教室市場化

傳統價值觀賦予老師的責任是「傳道、授業、解惑」，但是校園功利氣息逐漸增濃以後，不但學生對老師的期待不一樣了，老師對學生的要求也產生變化。現在的學生不但不期待老師告訴他做人的道理，甚至認為老師在知識以外的觀念落伍、保守，簡直是「遜斃了」，所以大多數學生期待師生維持一種「知識交易」的關係。而有些老師為了在這樣的學術市場中吸引更多「顧客」，不惜釋出種種「利多」的教學政策，如：高分、All pass、購買教科書（老師自己的著作）就及格。當然大學中討好學生的老師還是少數，也有願意在課堂之外汲取老師生命智慧的學生，但是目前校園生態中師生關係趨於冷漠，則是一個不爭的事實。

社團泡沫化

社團活動本來是大學教育的一環，以往教育行政中賦予學校訓導單位對學生社團的管理和要求，都是基於「社團活動是學生的人格和生活教育」的理念，但是學生在校園民主化的主導下，要求學校訓導單位對社團鬆綁，社團事務由學生自治，這也是現在各大學訓導處都改名為「學生事務處」的原因。所以現在的大學校園的學生社團，學校除了在法規的制訂上具有主動召集的作為之外，其他都是站在消極的輔助立場，教育的功能幾乎蕩然無存。

一旦學校對社團的規定和要求「解嚴」，再加上學生的自主意識增強，於是在「與其參加別人的社團、接受別人領導，不如自己成立一個社團來玩玩」的心態下，學生社團如雨後春筍。以台大為例，社團解禁以前的社團數目不到兩百個，而目前的社團編號則近千個。但是由於社團經費並沒有大幅度增加，在僧多粥少的狀況下，目前還存活的社團只有三百五十個左右，這些還在運作的社團當中，參與人數實際上不到十人的比比皆是，並且還出現好幾個社團的成員都是同一批人的現象。如果以民國七十年開始計算，那些消失社團的平均壽命不到半年。社團經驗的累積、社團經營智慧的捕捉、人格的成長等學校社團活動的最初目的，在社團泡沫化的情勢下，幾乎成為空谷跫音。

校園倫理和學術自由

「倫理」是人類行為的適當規範，所以除了整個社會對每一個成員有一定的行為規範之外，每一種人群的聚合，就會產生相關的倫理規範，前者稱為一般倫理，後者則稱為特殊倫理。特殊倫理的產生是為了有助於實現人群聚合的特殊目的，可以依職業不同而有工程倫理、醫學倫理、新聞倫理等；也可以因為團體的類別而有獅子會會員的準則、扶輪社的精神、基督徒的倫理、佛教徒的戒律等。由於這些職業或團體都有其特殊目的，為了達成這些目的，對於相關成員的行為必須有所規範，這就形成古人所謂「行有行規」的特殊倫理。

由於大學存在有其特殊目的，所以校園成員的行為必須接受特殊的倫理約束，否則無法有效實現大學的目的，因此建立和維持校園倫理是大學能充分完成其既有目的的必要條件。

事實上校園民主化之所以造成今日校園的諸多弊端，就是因為當時極力鼓吹校園民主化者，並沒有認清「民主化」並不是實現大學目的的適當手段。在一個自由多元的社會，「民主」也許是各級政府從事公共決策時的適當方法，它是自由社會中一個非常重要的價值，但是以「民主」作為校園政策最重要的合理化依據、以及校園文化的指導原則並不恰當。在自由主義的論述中，大學和教堂一樣，都是屬於非公共的(nonpublic)領域，一個參加教堂活動的人，不能要求以民主的方式決定要不要取消「禱告」這個儀式，如果你不想對上帝禱告，你可以不必上教堂；同樣的，如果一個人不願意接受大學校園中合理的規範，他可以選擇不上大學。

因此在公共領域中，民主也許是達成合理決策的最佳手段，但是在非公共領域中，必須依據不同結社所追求的目的，才能決定成員行為的合理規範。因此要討論校園倫理，必須先界定大學存在的目的，才能根據這個目的，決定大學社群中的成員應該接受什麼樣的行為規範。

美國哲學家瑟爾(John Searle)認為，大學的設計是為了提升和傳遞知識，所以大學的目的是透過知識的提升和傳遞，造福大學所賴以存在的社群和人類，這個說法等於以下兩個主張：一、知識是有價值的；二、大學是提升此一價值的一個機制。如果根據「美國大學教授聯盟」（the American Association of University Professors）在一九六七年的宣言，學術機構的存在是為了傳遞知識、追求真理、學生發展及社會的福祉。

在多元民主的社會中，有人認為大學是為就業做準備，有人強調大學的存在是為社會服務，有人主張大學是培養批判性的公民；但是在這些不同的觀點中卻有一個共同的因子，即大學所關心的是知識，也就是說，大學是一個探究真理、遞嬗知識，以造福人群社會為目標的觀點，似乎是無庸置疑的。為了達成這個目的，「學術自由」（academic freedom）而不是民主，才是不可或缺的工具，所以大學應該擁有充分的學術自由這項特權，才能實現大學存在的目的。

何謂學術自由？雖然學者對這個問題並沒有共識，但是有幾個原則應該可以從學術自由的核心概念推得：一、大學在學術事務上具有自主性，不受社會和國家的干涉；二、任何學術觀點都可以在學術情境中發表，而不會受到報復或懲罰；三、不因為學者本身在非學術上的信仰或主張，以及種族或性別，而影響其任用或升遷。

但是從大學的目的如何推導出大學應該享有學術自由這個特權？根據瑟爾的論述，這個推論需要建立在兩個假設之上：一、有關如何獲得和提升知識的理論，即主張知識（而不是教條）的獲取、確證和提升只能經由自由探索的測試，能在這個測試下存活的主張，才具有有效性（validity）；二、在追求知識上大學教授具有特殊的地位，也就是說，大學不是一個民主場所，而是一個由訓練有素的知識分子所統治的貴族政治（aristocracy），因此不是所有成員都具有平等權利。至於教授之所以具有特殊身分，正是因為他們在某些學術領域具有獨特的研究能力，換句話說，教授擁有成熟的學科研究訓練，對他們所研究的主題比學生擁有更多的知識，所以在實現大學的目的之前提下，可以證成他們應該比學生擁有更多的權利。

根據上述的論述，賦予大學學術自由是為了實現大學的目的，因此合理的學術倫理應該建立在學術自由之上，換句話說，校園成員的行為規範應該遵守學術自由的原則，才能有效實現大學的目的。基於這樣的論點，可以從以下幾方面論述校園倫理：

學術言論自由

由於真理並不是明確的，所以知識的獲取和提升只能透過自由探索。如果任何學科的知識都有標準答案，則大學不再需要學術自由，因為獲得知識最好的方法是灌輸這些標準答案，教授的工作只是闡釋真理，而不必探索。事實上即使已經被學術界普遍確認的科學主張，都存在被質疑的空間。就像牛頓力學被愛因斯坦相對論取代一樣，說不定有一天愛因斯坦的相對論也會被新的發現所取代，所以即使是一般認為最接近真理的科學定理，從窮根究柢的角度來看，只不過是到現在為止還沒有找到反例(counterexample)的臆測(conjecture)而已。因此真理具有無止境窮究的特性，才是賦予大學學術自由最重要的原因。也基於這個特點，在校園中應該允許任何學術意見的發表，不論是多麼荒謬或怪異，只要是基於學術理由，都應該受到尊重。此外，對於任何學術意見的支持或反駁，也必須基於學術的立場，不能以非學術的觀點加以干預，否則就侵犯了學術自由。

教授的特權及其限制

在上述學術自由的內涵中賦予教授較多的自由權利，完全是因為這樣的設計較能實現大學的目的，所以瑟爾認為，雖然作為一個合法的公民，教授和學生都擁有相同的言論自由，但是當教授在上課的時候，學生就沒有言論的自由，學生上課發言必須得到教授的同意，學生也不能要求和教授佔用相同的課堂時間；同樣的，教授的權利也不是無止境的，教授不能利用課堂時間發表和課堂主題無關的言論。如果教授利用上課時間從事個人政治理念的灌輸，不但侵犯學生的學術自由，也濫用身為教授所擁有的學術自由。

有人更進一步主張，學者發表言論必須限定在他所專長的領域，而禁止將那些尚未透過科學性測試的觀念和意見當成真理來散播。換句話說，即使教授的授課內容是學術性的，但是如果他所傳播的觀點並沒有得到學術社群的測試，這樣的行為也違反學術倫理。

美國大學曾經發生這樣的事例：一位學生交了一篇非常離譜的詩文解讀給一位年輕的教授，教授給他的成績是C-，學生不服氣，認為詩的解讀本來就是主觀的，他要求老師重看，老師同意再讀一遍並重新計分，結果這位教授在重讀一遍之後，將成績修改為F（不及格）。在這個事例中，基於學術自由學生有權表達他想要表達的東西，而教授則有權決定成績的高低，如果老師的自由權利多於學生，似乎這位學生只能自認倒楣。

但是教授的學術自由並不是毫無限制的，這個界限可以用「鼓吹」（advocacy）來區分。根據標準的教學要求，老師授課應該是採取中立、不偏私、說明的方式進行教學，而不可以採用鼓吹的方式，企圖說服學生採取某種觀點。也就是說，利用鼓吹方式進行教學的老師不能受到學術自由的保護。所以如果老師是基於鼓吹個人某種特定觀點來打分數，則老師的行為違反學術倫理。

因此雖然學術自由禁止學校基於個人政治信仰、價值觀、種族、性別，作為任用與否的決策依據（這表示學校中的成員仍然可以保有自己特殊的信仰和價值主張），但是學術自由同樣禁止教師在課堂中發表非關教學主題的個人言論。也就是說，學術自由並沒有賦予教授隨心所欲去傳授任何主題的權利，也不允許以灌輸的方式教導學生，或以非學術的理由決定學術事務，而這些規範的合理性基礎，都是建立在大學所要完成的目的。

學術行政的決策機制

如前所述，由於大學中成員的知識能力和學養不同，所以大學不是一個民主場所，個人學術權威的基礎應該建立在學術領域中同儕的認可，因此如果學術行政是為了輔助大學實現其目的，除了行政能力之外，大學各級行政主管應該由具有學術能力和視野的教授擔任，而目前國內普遍採用的民主選舉方式，顯然沒有辦法達成這個目的。

從學術自由的角度來看，如果因教授的學養優於學生，所以教授應該擁有較多的自由權利，則教授之間的學養也有差異，所以在學術的決策上，學術地位較高的教授也應該比資淺的教授更具有決定力。而民主投票預設平等權利，一人一票的決策方式表示：一名剛進大學的助理教授和具有高度學術成就的資深教授，具有相同的決策權力，這種學術權威平等化的結果，必然會造成人際關係重於學術成就的校園文化。因此根據以上的論證，校園主管的產生由具有公認的學術成就的教授組成遴選委員會，針對每一個候選人的學術表現、行政能力，進行深入的討論，以遴選的方式產生，似乎比較合乎大學的目的。

學生的學術自由和學生自治

根據研究指出，不論在美國聯邦或州的憲法、或大學的法規中，從未發現有關學生學術自由的規定，而且大部分國家的教育傳統也沒有賦予學生這樣的權利，以美國為例，直到一九六〇年代學生運動風起雲湧時期，才有人考慮將學術自由的權利延伸到學生。十九世紀後期，在德國受教的美國學者曾經引進德國的學生學術自由的觀念，但是這個觀念並沒有在美國實現。在這個觀念中，學生的學術自由包括學生決定其修習課程、以及在大學校園內個人和社會生活的特殊自由。

有些學者明顯支持學生具有一定的學術自由，在人民自主意識逐漸提升的現代社會，以往父權主義的校園倫理確實需要揚棄，但是不論大學應該賦予學生什麼樣的自由權利，這些權利必然具有兩個特點：一、如果賦予大學教授學術自由是實現大學目的的一個手段，則學生應該擁有什麼樣的學術自由，也是以有效實現大學目的為考量；二、如果大學的目的是追求和傳遞知識，則教授應該具有決定性的地位，因為教授最有資格決定大學的知識活動，所以在知識體系中教授為主、學生為輔。

儘管學生在知識活動中只扮演次要的角色，但這並不代表學生的意見完全不被考慮，有學者指出，在實現大學目的的前提下，相關學生學習和研究的決策，如果允許學生代表參與，似乎很合乎大學的利益，而英國大多數的高等教育機構目前都是這樣做。現階段我國各大學幾乎都允許學生代表參加系務會議、院務會議、校務會議，尤其在有關學生活動事務的決策會議上，學生的代表人數顯著增加。這種作法應該是有效提升大學目的的一個途徑，因為大學如果要有效達成追求和遞嬗知識的目的，受教者的意見和態度顯然也是必須考量的重要因素。

但是這種作法不能被理解成：大學應該完全民主化。學生有限度的參與學校決策，和實際政治上的民主是不同的，如果大學依照政治上的民主運作，所有的學生都應該以平等公民的身分，參與學校的所有決策，則大學將不再具有獨立性。因為大學的政策不可能再以「知識」為依歸，大學會成為另一個各種個人或黨派利益角力的場所，學術自由這個特權也成為無意義的名詞。

因此如果學生的學術自由是有限的，學術活動最後的決定者是教授，則學生自治的內涵也是有限的，學生在校園中的所有活動必須接受大學目的的節制。如果以學生運動最常採用的遊行、示威、靜坐為例，有些人認為學生的學術自由應該包括這些活動。然而反對者認為，這樣的活動都是一種權力戰術的設計，目的是要將自己的觀點在缺乏理性探討的情況下，強迫別人接受，所以用這種方式表達意見，在原則上違反客觀追求真理的學術要求。

但是有人可能會認為，從事這類活動的經驗是培養批判性公民所必須的。然而反對者論稱，培養公民的批判能力就是訓練公民有能力從事道德對話，而從事道德對話和活動有兩項要求：一、參與者必須擁有特定問題的相關知識，或追求這些知識的必要技巧；二、參與者必須理解和遵守道德對話的基本原則或價值，譬如：考慮別人的觀點、對人尊重、公正、誠實等。我們沒有理由相信，當學生在從事示威、遊行或靜坐時，會提升上述兩項要求，所以即使這類經驗確實是成為批判公民所必須的，也要在學校的許可和監督下進行，否則不應該要求學校承擔培養批判公民的責任。

在這裡我們必須區分學生自治和公民自由。如果學生在校外針對某一個社會、政治或經濟問題進行示威、遊行、靜坐，由於學生同時也是公民，所以也擁有一般公民所享有的基本自由，因此在校外的行為當然可以不受學校的約束，而學校也沒有理由管理學生的校外活動。也就是說，學生的校外行為受到一般法律的管理，和學術自由無關。同樣的道理，如果學生在校外違反一般法令，也不能用「學生」的身分，要求特殊的保障，因為這時候的學生是「公民」。

因此學生所享有的學術自由特權，必須合乎大學的目的，所以在校園之內，所謂的學生自治也不是無政府狀態，因為學校是基於一個特殊目的而存在，一般社會大眾同意大學可以擁有獨立性和特權，同時願意將自己納稅的金錢支助大學，就是期待大學能發揮其功能，從而造福社會、回饋大眾，因此學生自治不能違反大學成立的目的似乎是無庸置疑的。

根據以上的推論，即使是學生的社團活動，也是屬於大學教育的一部分，學生也不能完全拒絕學校的監督和管理。令人憂心的是，在校園民主化浪潮下，國內許多大學對學生社團活動的管理徒具形式，放任學生為所欲為。譬如：學生社團有的一整年都沒有找過指導老師，向學校申請活動經費補助時，導師的印章是學生自己刻的；每年向學校辦理社團重新登記時，導師的簽名是學生不經同意代簽的。類似情事在某些學校已經司空見慣、習以為常，但是「存在不一定就是真理」，縱容這樣的事情發生是學校失職，學校沒有善盡大學的責任，基於支助大學存活的立場，這樣的大學必須承受社會的責難。因為當一個大學沒有善用其學術自由的特權時，社會的指責並沒有違反對大學自主性的最初承諾。

找回自主性

大學的尊嚴和特權來自社會對大學的期待，所以大學的存在是基於特定的目的，大學也因為這個目的而享有社會公認的自主性，大學被稱為時代的良心和眼睛，也是因為它的崇高理想和目的。因此大學成員的行為必須依據這個目的而有其特殊的規範，校園倫理如果無法建立，大學朝向既定目的的腳步勢必遲緩、停滯，甚至倒退。這些年來，大學的尊榮逐漸褪色，因為大學的獨特價值逐漸被社會一般價值所腐蝕，許多學生和教授不能認清自己所扮演的角色，使大學越來越像是社會的縮影，失去其自主性。

也許今天在大學校園裡的學者，最應該從事的就是：從迷失在社會價值的洪流中，替大學找回「自我」，善用學術自由、重建校園倫理。

職業倫理和工作價值

一位朋友從網路上傳給我一則故事，大意如下：

義大利一家電信公司招考員工，在筆試結束後，公司發給每一位通過甄試者一袋綠豆，要求他們在指定時間內，帶著發芽的綠豆回來，誰的綠豆種得最好，誰就可以得到那份競爭激烈、待遇優渥的工作。

指定時間到了，每個人都帶著一盆生意盎然的綠豆芽回來，只有一個人缺席。總經理親自打電話問這個人，為什麼他沒有出現。這個人以抱歉的語氣表示，他在過去這段時間內，全心全力照顧這些綠豆，但是到現在種子還是沒有發芽，他覺得很對不起，然後對總經理說：「我想我大概失去這個工作機會了！」沒想到在他放下電話之前，總經理告訴他說：「不，你才是我們要用的人！」

原來這些種子都經過特殊處理，根本不可能發芽，這證明只有綠豆長不出芽的這名應徵者才是誠實的，其他人都在作假。

這則故事的道理顯而易懂，這家公司選擇員工的標準是：操守第一。大部分的人應該都會認同這樣的選才標準，但是諷刺的是，大部分人卻還是把學業成績看得比品格修養重要。

職業和道德

我平時上課也常和學生提到類似的概念，在升學引導教學的台灣社會，很多在學校不被重視的課，出了社會反而最重要，譬如：「公民與道德」這類的課，在老師和學生的心目中，當然比不上國文、英文或數學重要，但是一個完成學業準備就業的人，當他去職場應徵工作時，公司老闆最在乎的不會是成績，反而是品格。在校傑出的成績表現，只能證明一個人具有不錯的能力，但不代表他的品格是優良的，如果一個人功課很好，卻喜歡說謊、自以為是、做事投機取巧、不易與人相處，如果他去應徵的公司知道他的為人，大概一定不會錄用他。

根據歷年來《天下雜誌》的調查，台大畢業生往往並不是企業界的最愛，雖然台灣社會幾乎沒有人否認台大學生的能力是優秀的，但是台大學生給一般人的刻板形象是：驕傲。而驕傲、覺得自己了不起的人，比較不容易與他人合作，也比較容易「看到一山還有一山高」，容易被其他公司高薪挖角，因為這樣的人只考慮自己的成就而欠缺對公司的忠誠度。因此企業界為了公司長遠的發展，具有腳踏實地、任勞任怨的品格，當然比能力傑出對公司較為有利。如果從就業的角度來看，柏拉圖的主張確實有一定的道理：有道德的人比不道德的人有利。

職場雇用員工，品格比能力重要，一般人比較容易理解。至於企業本身，一般人都認為商場上爾虞我詐，只有投機的商人才能賺錢，所以做生意似乎沒有人重視道德，一般的印象是做生意講道德是吃虧的，但事實並非如此。學學文創志業的董事長徐莉玲是我的好友，她離開職場十多年，本來可以過一個安適和樂的家庭生活，卻念念不忘台灣文化創意產業的前景，重新投資一所文化創意產業的跨界學習平台，企圖為台灣培養文化創意人才。雖然我對文化創意所知有限，她卻力邀我加入他們的教學陣容，因為她認為我研究的領域對文化創意產業非常重要，根據她的說法，台灣的文化創意產業體質虛弱，關鍵在於業界普遍缺乏專業道德。

徐莉玲認為，許多國際展覽的攤位，根本不讓台灣公司代表進入，因為他們擔心台灣的貿易商藉機偷拍商品款式，作為抄襲、仿冒之用。徐董事長痛心的表示，自己不花心思創造，為了減少經營成本，而一味地抄襲、仿冒，這不但讓台灣的形象在國際上貽笑大方，也造成台灣社會的創意貧血，使創意服務的行業斷了生路。所以以目前台灣的現狀，根本很難催生一個成熟的文化創意產業鏈。她描述現在業界一般的現象是：企業主不肯付專業設計費和顧問費；不尊重原創性的精神，唯利是圖，所以用低成本抄襲。這就是台灣創意產業無法生根、成長的癥結，所以台灣永遠停留在「代工」的產業模式，很難靠自創品牌走入國際舞台。這一切總歸一句話，就是缺乏公民道德。

專業的危機：把人「物化」

現代的社會強調專業，雖然專業可以使各行各業的分工更有效率，因此而增進社會物質上的便利和利益，但是專家可能會支離或片斷地看待人生，而且只關注自己的世界，忽視人類整體的福祉；換句話說，專家的觀點可能變成一顆螺絲釘似的觀點，只能從自己局限的經驗中理解這個世界。此外專業化的結果，也會使人們對於經濟上的需求和關心，優先於生命意義和價值等深層問題的思考。

許多敏銳的觀察者已經注意到，當代科技的成長和經濟的富裕，伴隨而生的是價值感的失落，科技和經濟成就帶來的只是物質條件的改善，離真正的美好生活和幸福仍有一段距離。事實上一個自由化的社會，個人要求自主性的欲望受到無限的強化，個人主義、自我中心成為不可避免的趨勢，這個趨勢對許多人類幸福生活極為重要的核心價值造成嚴重的威脅。譬如：家庭價值不像以往那樣受到重視，因此從問題家庭所衍生的悲劇，在我們的社會時有所聞。事實上一個社會如果缺乏家庭、宗教等價值，人們會產生精神上的匱乏和無意義感。

技術發明可以使我們免於勞役之苦，並為文化發展開發新的可能，但是它也會產生非人性化的效果，而且如果我們缺乏自制和對永恆價值的獻身，科技的發展反而是危險的。為何德國的教育階層無法抵擋納粹主義的興起?學者認為，其深層原因是：由於十九和二十世紀初許多科技領域快速發展的結果，將價值問題擱置一邊，因此使那些受過高度訓練的專家，完全不關心社群和世界等重大問題。許多學者指出，當代文明在傳遞科技知識給年輕人方面是成功的，但是卻不能遞嬗此一文明之道德、文化和歷史遺產。

美國耶魯大學哲學系名譽教授史密斯John E. Smith曾經說過：「我們這個時代最迫切的問題是道德感和尊嚴的腐蝕，成功和貪婪這兩個信念已經使我們去人性化，模糊了我們的一個生命面向，就是這個面向定義我們是人——評估我們的行為和評價我們的目標的道德能力。」

我太太在大學時代發生過一段非常有趣的事，她讀的是外文系，有一位極聰明的電機系男生跑來修他們的文學課程。有一天這位男同學發了一張問卷給我太太，告訴她說，他對外文系班上有幾位女同學很感興趣，想要進一步交往，但是由於他時間很少，一般交往必須花時間揣摩彼此的心意，實在太浪費時間，所以他希望這些他心儀的女生能填一下問卷，縮短他認知對方的時間，這樣也可以幫他快點找到比較合適的女友。

這種作法實在很科學，也很實際，很多男女朋友交往一陣子，最後才發現彼此並不合適而分手，確實浪費雙方的青春歲月。但是這位聰明的電機系高材生完全沒有想到的是：戀愛的感覺不是知性的，用知性的方法尋找戀愛的對象，好像從一開始就毀了戀愛。如果他的目標是找一位生子、管家的好幫手，也許這個方法還算合適，但是對於一個期待浪漫愛情的文學院女生，他的作法讓所有的女生「笑翻了！」

過度的專業傾向，人會有被「物化」的危險，許多存在於人與人之間的價值也會跟著喪失，這會威脅到人類的幸福。專業人士本身也是人，一般人所會遭遇到的生老病死、憂苦愁煩，他也無法倖免，難道學電機的人就不會戀愛失敗？他的家庭不會碰到巨變和災難？因此專業只是維生的一種工具，至於幸福人生則建立在價值感和道德之上。一個忽視「人」的專家，物質面的收成可能極為豐碩，但是卻得不到來自於人的關懷和尊重，這樣的人生不可能有意義。所以專業人士想要過好生活也要重視人，也要重視倫理道德。

職業是分工合作的一環

俗語說：「家有家法，行有行規。」幾乎每一行每一業都有一套道德規範。譬如「童叟無欺」是對生意人的道德要求，一家雜貨店的老闆不能因為前來買醬油的顧客是一名小孩，就故意把價格提高或在找錢上佔便宜。譬如：我們可以接受父母對自己的子女比較好，而比較不關心別人的小孩，但是作為一個醫生，我們期待「醫生」這個角色是相對於「病人」，所以對待病人應該一視同仁，雖然他也許可以付出自己額外的時間，多照顧自己的親朋好友，但卻不應該因此而減少對其他病人的照料，更不應該因為病人的社會地位，而給予差別待遇。

此外工程師不應該偷工減料、律師應該維護社會正義而不是當「訟棍」、老師在課堂不應該傳授自己專業以外的知識等，對特殊行業從業者的這些特殊道德要求，其實都是一些普通常識，一般人都耳熟能詳，但是實際生活中，這些道德規範常常只具有形式意義，認真執行以合乎職業道德標準的人，反而是異類。為什麼會這樣？理由很簡單：在功利主義盛行的價值觀主導下，「私利」的誘惑遠遠凌駕「道德」的要求。

但是如果基於長期、永續經營的角度來看，即使以營利為目標的行業，商譽的建立仍然應該是最重要的，所謂「誠實是最好的策略」，道德未必不能和獲利的目標一致。

此外從社會合作的角度來看，任何一種專業都是社會分工、創造社會共同福祉的一環，因此專業倫理就是個人適當扮演其分工角色的行為指引，輕視或違反專業倫理的人，等於缺乏社會合作的意願，這時候人際關係會失去應有的秩序，而完全以利害相對應，這會回到無道德的自然狀態。以醫生為例，如果一個醫生不重醫德，病人會對他失去信任，即使他的醫術高明，病人不得不仰賴於他，但是病人心中一定不會尊敬他。當這名醫生將來在其他事務上需要別人的幫忙時，別人也不會以社會分工所該有的態度對待。

社會上一般人對某些行業印象較佳，對某些行業的印象卻是負面的，原因就在於這些行業是否滿足社會對其分工的期待。重視職業倫理的行業，就是有誠意實現其社會分工的角色，這樣的行業不但可以得到人們的信賴，其成員也會受到人們的尊敬；而缺乏職業倫理的行業，不但得不到社會的信賴，其成員也會留給別人不佳的印象。

譬如在一般社會大眾的觀念中，對律師、法官、警察普遍的印象較差，雖然不是這些行業的從業者都收受不當利益，但是由於有相當比例的從業者如此，再加上這些行業本身的職責應該是大公無私（不像商人，即使也應受到商業倫理的規範，但是商業行為的最終利益是為「私」），因此人們對他們的道德要求當然會相對地比較高，所以一般人即使「羨慕」律師的收入，卻不見得「尊敬」他們。相反的，雖然大學教授的收入微薄，但是社會大眾一般都對他們普遍信賴，這無非是因為在一般人的印象中，大學教授的操守比較不會受到質疑。

當然並不是所有的大學教授都值得尊敬，我們的價值觀不應該以職業的貴賤為標準，任何一個行業都是社會良好運作所必要的，儘管社會上大多數人對大學教授都比較敬重，但是如果一個盡責的清道夫和一個胡混的大學教授相比，前者應該值得我們尊敬，而後者則應該被瞧不起，因為盡責的清道夫充分扮演好他在社會上分工的角色，而胡混的大學教授則是失職。

社會就像是一個球隊，成功不是靠任何一個個人，而是團隊合作。譬如：王建民在美國洋基隊的表現讓國人讚佩，雖然他三振對手的次數不多，但是他的伸卡球(sinker)球質厚重，打擊者往往是擊出滾地球被接殺出局，所以他在二〇〇六年的球季當中，一直是美國大聯盟滾地出局最多的投手。可是王建民的投球再厲害，如果洋基隊的隊友接滾地球的能力太差，王建民怎麼可能讓打者出局？所以當我們在誇讚王建民之餘，其實也要感謝洋基隊友的守備能力。同樣的道理，清道夫雖然被認為是一個卑微的行業，但是如果社會沒有清道夫，誰能讓你的生活周遭變得乾淨？所以只有當每一個行業都能遵守其應有的行規，才可能構成一個美好的社會。

在美國社會，不論你到哪裡買東西，只要保留收據，在一定的期限內如果發現不滿意，隨時可以拿回去退還；美國汽車公司發現出廠的汽車有問題，立即全面回收該類型的汽車。台灣的商店如果採取美國一樣的銷售政策：新買的東西只要不被損壞，可以在兩週之內無償退還，一定很多人會利用這種政策佔賣家的便宜，因為消費者普遍缺乏消費者的倫理。在一個形成和重視職業倫理、商業道德的社會，人與人之間可以增加不少信賴，添加許多的便利而省去許多不必要的猜忌。這就是倫理的功能。

工作的價值和意義

思想家曾經講過：「勞力者的目標不該是謀生、找個『好工作』而已，而是要做好一個工作。」「不要雇用只為了賺錢而做事的人，而要雇用為了喜愛這工作而做的人。」其實一個只為賺錢而工作的人，不容易在工作中找到意義和樂趣，通常每一個人生命中最重要的八小時被「工作」佔據，而在這八小時中沒有工作的人，其實生活應該是滿無聊的，但是在這個八小時當中你的心情是充實愉悅，還是無趣不耐煩，只是等著下班？如果是後者，表示你沒有充分享受人一天當中最珍貴的時光。

一個人為什麼會敬業？一定是他熱愛他的工作。為什麼他會熱愛這個工作？一定是因為他在工作中找到意義。為什麼他能在工作中找到意義？一定是他的工作可以和他生命的價值相連結。「在工作中找到意義」其實是幸福人生最重要的元素，「意義」、「價值」常具有主觀的因子，有些人認為無意義的東西，某些人會視為珍品。以結交朋友為例，有些人認為朋友的價值就是互相利用，有些人則認為能和志趣相投的朋友促膝長談，即使是傾吐過往的苦悶哀愁，也是一件令人感動和陶醉的事。我們的生活無趣或缺乏意義和價值感，常常是因為我們很少花時間思考一下：我這一輩子到底要追求什麼？什麼東西是我最在乎的？

現代社會最大特色就是競爭。不論學業、商場、職場、政界，只有通得過競爭的人才能成功，這樣的結果反而造成人的無力感，人與人之間也幾乎完全的疏離，心理學家佛洛姆（Erich Fromm）描述二十世紀資本主義社會人際關係時說：「這是一種兩個抽象體，兩部活的機器相互利用的關係。雇主利用他雇來的工人，商人利用他的顧客。每個人對其他的每個人而言，都是物品；表面的友好關係倒是不少，也有相當的禮貌，可是在這表層之下卻是距離與冷漠。」

由於現代社會生活所產生的無力感，所以人普遍缺乏理想的熱忱，也因此喪失生命理想的動力，所以自殺率增高、醉生夢死的現象極為普遍；由於人際的疏離，使個人變得孤獨、寂寞，需要各種感官的刺激，才能逃避面對內心真實自我的窘境。所以現代社會許多人在工作之餘，盡量參加各種活動，盡情享樂，一有休假就安排各種旅遊，用忙碌壓制孤寂感，但是佛洛姆認為，即使這樣，在心靈深處，人們仍然充滿空虛。

將工作完全等同於謀生的人，其實忽視工作對生命存在的價值和意義，生命的光和熱，往往來自於對工作深層意義的體認，事實上我們是透過工作，實現自己的生命價值、確立存在的尊嚴。而工作真的沒有貴賤，職業只是一種分工，沒有盡責的理髮師，我們很難把自己裝扮得亮麗耀眼。不論從事哪一個行業，忠於職守不但合乎職業倫理的要求，也是一種積極生命的展現。

幸福人生

自從科學昌明以來，人類對大自然的認識已有長足的進展，可是對人類生命的意義、價值的理解卻幾乎是原地踏步。人們對於物理現象的因果關係有相當高的共識，譬如：為什麼會下雨？哈雷彗星為什麼七十五年才出現一次？但是對於人性是善是惡？人從何而生、死後何往？仍然是千古爭議不絕的話題。人的存在是為了什麼？人活著應該追求什麼？這些問題即使在忙碌的工業社會，仍然會時而浮現在我們的腦際，或多或少困擾著我們。尤其在夜闌人靜或個人獨處的時刻，或者是面臨自己或親人生命重大變故、挫折時，我們常常會興起的念頭是：「人活著有什麼意義？」

每一個人都希望自己的人生是幸福的，但是如果我們對生命的意義和價值缺乏瞭解，如何能為生命的幸福找答案？遺憾的是，幾千年來哲學家在這方面殫精竭慮，卻沒有辦法找到一個標準的答案，不論我們讀過多少這方面的書籍，當自己在面對生命疑惑時，似乎只能從零開始。為什麼？

找到自己

十九世紀英國哲學家約翰・彌勒在他的經典名著《論自由》（On Liberty）一書中表示，個體性（individuality）是幸福的必要元素，所謂個體性就是每一個個體的獨特本性。利用現代的科技文明，我們可以製造出成千上萬個一模一樣的茶杯，也可以複製一千幅達文西的畫作，但是我們不可能創造兩個完全相同的生命，因為每一個生命都是獨特的。生命是不一樣的，外貌很難分辨的雙胞胎，也可以找到一些差異；即使在外貌上幾乎找不到差異，他們在生長過程中所呈現的生命特點，也不可能完全一樣。

彌勒認為，由於生命具有發展性，有發展性的東西具有不可預測性，而不可預測性就會產生獨特性。譬如：我們在同一個地方撒下一把南瓜的種子，給它們同樣的養料和水分，長出來的每一株幼苗都不會相同，因為具有發展潛能的生命，幾乎不可能預測下一刻的走向會如何。同樣的道理，儘管從古至今已經有成千上億的人活過，但是我們絕對找不到兩個人，在相貌、性格、思想、觀念上完全一樣。

由於生命具有差異性和獨特性，所以彌勒認為，每一個個體在追求幸福人生、安排自己的理想生活、解釋美好人生價值時，也會產生相當大的歧異。換句話說，每一個人由於個體性的差異，所以對於完美人生就會有不同的解答，因此彌勒強調，每一個人要達到最充足完滿的幸福生活，必要條件就是個體性能得到充分的發展。

彌勒的說法如果用現代的語言表達等於是說：一個人如果要找到幸福，必須先找到自己，因為每一個人的個性都是獨一無二的，所以別人認為幸福的生活方式不一定適合你。根據彌勒的主張，一個人要擁有幸福人生，首先必須確立獨特的自我本性，因為實現或滿足每一個不同的個體，必須採用不同的生活方式或價值理想。也就是說，雖然每一個人來到這個世界上，都希望追求或擁有幸福美好的人生，但是對不同的人，彌勒認為「何謂幸福美好的人生」會有不同的內容和答案。

每一個人一生下來就有所謂天生的不平等，有人生而聰明、美麗、富有；有人生來就愚笨、醜陋、貧困，這些都是人所無法改變的既定事實，這些天生的不平等雖然可以影響我們追求幸福生活的條件，但卻不是決定一個人幸福與否的全部因素。雖然每一個人都希望生而聰明、美麗、富有，但並不是所有生而聰明、美麗、富有的人就注定一輩子幸福美滿。如果人在誕生之前可以先和造物者商量(如果有造物者的話)，每一個人都不希望自己生而愚笨、醜陋、貧困，所以人對於自己與生俱來、無法改變的先天條件，不論好還是壞，都不值得驕傲或抱怨。如果一個人因為自己長得帥、聰明而感到驕傲，他顯然腦筋不太清楚，因為這些他都並沒有付出任何努力，只是運氣不錯而已。換句話說，一個人對於自己沒有任何貢獻而擁有的東西，應有的態度不是驕傲而是感恩。就像一個富家子弟繼承父親的大筆遺產，如果因此而感到驕傲，一般人對他的評價大概是：「有什麼好跩的，還不是命好？」

所謂找到自己，就是先認清自己的特點，然後為自己的特點尋找最合適的生活方式或生命理想。李遠哲先生得到諾貝爾獎，相信李先生做學問一定非常認真賣力，才會得到這樣的榮耀，但是如果李先生一生下來時，智商只有九十，即使一天二十四小時都不睡覺，也不可能拿到諾貝爾獎。所以一個人如果智商不高，卻要以得諾貝爾獎作為自己奮鬥的目標，結果是注定失敗；如果一個人明明長得很「抱歉」，卻要參加選美比賽，最後一定是自取其辱。

換句話說，所謂找到自己就是有自知之明，笨就承認笨、醜就承認醜，笨和醜即使就是我的先天條件，我仍然可以找到一種過活的方式，讓自己的生命發光發熱，笨和醜根本就不會影響幸福的追求。古今中外發生多少令我們尊敬和感動的故事，沒有人會關心故事主人翁的外表或智商，因為即使一位沒有受過教育、其貌不揚的人，也可能做出可歌可泣的行為。只有當一個人認清獨特的「我」，才可能為自己規劃一個比較合適的生命方向。

建立屬於自己的價值觀

幾乎大家都會同意：幸福不會和財富、智商、美麗成正比；天生條件比較差的人，有可能比條件好的人幸福。一個家境優渥的朋友告訴我，她女兒小學畢業當天，要求她允許她一個人坐公車去西門町，她答應了她，結果她的女兒因此而興奮不已。對一般人而言，一個人搭公車去西門町有什麼好高興的？這太稀鬆平常了嘛！但是對這樣的家庭，一個人搭公車去西門町卻是大事。我也聽過另一位更有錢的朋友說，她的小孩到現在為止，從來沒有離開過保鏢。

台灣社會的貪婪自私，使得有錢人反而過得不安心，比起有錢人，一般家庭的小孩反而幸福多了，至少他們的生活比較自在、安心。所以一個人的幸福不只和先天條件無關，後天的成就，如：學位、財富、社會地位，也不能完全決定人生是否幸福。

因此世俗流行的價值觀不一定能保證幸福，任何一個獨特的個人，如果想要追求一個美好的人生，最需要的是一套屬於自己的獨特價值觀。以教養小孩為例，父母最常犯的錯誤是：用社會的標準要求自己的子女。譬如：把書讀好才有出息、選一個熱門的科系才找得到好工作、賺多一點錢幸福才有保障。現代父母其實都用世俗的標準要求子女，以為子女只要合乎一般流行的價值觀，將來比較可能過一個幸福美好的人生。

假設你有一位即將考大學的兒子，他告訴你他要以哲學系作為第一志願。即使你不知道哲學是什麼東西，你的回答大概會是：「讀哲學有什麼用？將來你會找不到工作！」當你兒子不斷解釋他有多麼喜歡哲學時，你一定會用堅定的口氣表示：「你根本不懂事，絕對不可以讀哲學，你一定要選一個將來比較有出路的科系，我這樣做絕對是為你好，長大你就知道了！」

父母強迫子女做他們不喜歡做的事，通常採用的理由幾乎都是：「這樣做是為你好！」事實上父母這句話背後預設了一個一元的價值觀：父母認為好的，就是大家都認為好的，等將來小孩長大了，也會發現這樣做確實是為他好！這種單一價值觀，使台灣社會幾乎所有的父母都只關心孩子的課業。「升學——就業——賺錢——幸福」好像是一條單行道，如果第一個路口走錯了，就走不到幸福那一站。其實就是這種升學主義的價值觀，使我們的教育改革注定失敗，也使我們的孩子失去快樂。

王永慶只讀過小學，微軟的比爾・蓋茲大學都沒畢業，郭台銘當年讀的學校是中國海專，古今中外已經出現許多反例，證明讀書並不是人生唯一的出路；更何況即使像王永慶、郭台銘、比爾蓋茲這種在事業上有成就的人，也不一定比較幸福。所以「事業成功」，不一定要很會讀書，而「事業有成」的終點站，也不一定就是「幸福」。

有人覺得蛋糕是美食，有人則討厭吃蛋糕；有人很喜歡吃肉，有人卻喜歡吃蔬果；有人陶醉在古典音樂之中，有人覺得古典音樂會令他昏昏欲睡。其實每一個人對於好、壞的標準並不一樣，有些事物對某人是一種享受，對另一個人可能是折磨。所以對每一個人而言，滿足幸福的東西不一定一樣，因此只有深刻瞭解自己的優缺點、獨特之處的人，在追求幸福時比較不會多走冤枉路。

「我的獨特自我，需要不同於別人的價值觀才能自我實現，隨波逐流只會讓我失去自我，我必須為自己的生命尋找獨特的答案」，這就是彌勒強調個體性是幸福必要元素的真義。因此如果你愛自己的子女，務必留一點自由空間讓他們自我發展，因為他們得到幸福的方式，不一定和你一樣。

自由選擇就是自主嗎？

一般認為，台灣社會自從自由化以後，人民具有高度的自主性，所以不論在生活方式、政治主張、宗教信仰，已經呈現出多元的現象，這就表示人們都是獨立自主地在做決定嗎？事實不然，從表面上看，每一個人都勇於表達自己的意見，而實際上這些意見和想法，卻可能根本就不是「自己的」。彌勒最擔心的就是自由社會中的人們以為自己在做決定，但所謂「自己的」決定，實際上是受到流行意見或大眾輿論的影響。譬如：如果你感冒要到藥房買成藥，藥房老闆如果給你一種沒有聽過的藥，你大概會問他說：「老闆，這個有效嗎？」但是如果老闆拿給你的藥是「斯斯」，你可能不會問同樣的問題，因為「感冒用斯斯」這句廣告詞已經深入你的腦中，「斯斯」成為「你的」選擇，而事實卻是大量廣告影響了你，你是以成功的廣告替代「你自己」做了選擇。

根據一些女性主義學者的研究顯示，大約從民國八十三年開始，美容瘦身公司投入超高量的廣告預算，以巨幅的報紙廣告和不斷大量重複的商業電視廣告，宣傳女性瘦身美容的重要性。當時，排行廣告量第一名的多是最多經費的塑身美容業，一年的廣告預算總額高達數十億元以上。影響所及，塑身美容公司遍布大街小巷；同時，現在幾乎每一位女性對自己身體的每一個部位都非常在乎，連產婦的第一要務都是重塑完美體型。瘦身美容業用「打造完美女人」為口號，打動相當多的女性。從此女性甚至男性，都開始注意自己的臉蛋、身材，許多人花相當高的代價，重新精工打造自己身體的每一個部位。瘦身美容業「瘦就是美」的美學觀，成為時尚女性的普遍審美標準，流風所及，不但許多女性為了減肥而產生厭食症，社會上更出現了各式各樣的減肥妙方、減肥產品；儼然只要身材完美，就是幸福的保證。但是，事實上，卻已經有許多女性因急於減肥而產生厭食症、暴食症等飲食失序及精神官能症，甚至高年級的小學生就已經開始出現瘦身焦慮的症狀。

女性為什麼要那麼在乎自己的身材？這是「自主」的選擇嗎？也許有人會說，身材好才有自信。但是，這樣的「自信」，依據的其實是流行的價值觀。試想，如果瘦才是美，身材好才能吸引異性、掌握異性，其結果會是什麼呢？廣告詞給的答案是：因為這樣才會有自信，但是為什麼身材好才會有自信？答案應該是：身材好，男性才會喜歡，被人喜歡就會產生信心。這個邏輯的後半段是對的，也就是說一個討人喜歡的人比較容易產生信心；但是前半段則是錯的，一個女性不一定要身材好才會得到男性的喜愛。

以男女情感為例，如果一位男性追求妳，完全是因為妳的身材好，當他和妳談戀愛一陣子以後，如果有一天告訴妳：「我碰到另一個身材比妳更好，臉蛋比妳漂亮的女生，我要去追她，所以我們分手吧！」如果按照前面的邏輯，妳的回答應該是：「好吧！當時你追我，就是因為我漂亮，現在你碰到更漂亮的，當然應該把我甩掉囉！」如果妳的父親有一天跟妳母親提出離婚的要求，理由是妳母親已經人老珠黃，而他又遇到一位喜歡他的年輕女子，如果妳母親當時吸引父親的唯一原因是美麗，妳母親似乎沒有拒絕的理由。同樣的道理，如果一位女生喜歡男性的理由，是因為對方多金，有一天她遇到一位更有錢的男士追求她，她如果因此而琵琶別抱，似乎也是理所當然的事。

因此，這種建立在流行價值觀的「自主」，其實很脆弱，因為上述的結果其關鍵在於：不論美貌或財富，都是可以被取代的，男女感情如果建立在這些可以被替代的特質上，絕對不可能持久。台灣現在的離婚率全國高達四分之一，台北市更是每三對就有一對離婚。諷刺的是，每一對新人在結婚時都是信誓旦旦，他們的婚姻一定是「永浴愛河、百年好合」。從離婚率偏高其實可以說明一件事：大部分的青年男女都缺乏獨特性，尤其都會男女，追求的東西幾乎都是流行的價值觀。

真正的「自主」，是要建立個人的獨特性，獨特性就是與他人不同的，無法被取代的特性。如果一個人具有獨特性，另一半就是因為欣賞這個獨特性而彼此在一起，則這樣的結合也將會是無法取代的。換句話說，一個具有個性、獨特價值觀的人，才比較容易找到互相欣賞、珍惜幸福的另一半。

因此看似「自由」的自由選擇並不等於「自主」的選擇。如果我們的選擇只是跟隨社會的流行隨波逐流，這樣的選擇其實根本就不是自己的選擇。這種人的命運不是操之在我，而是社會多數的喜怒哀樂主宰了他的喜怒哀樂，他等於把自己的幸福寄託在善變的潮流之中，因此他的幸福也是不確定的。根據彌勒的說法，只有發現自我、「做自己」的人，才能找到通往幸福的入口，邁向正確的幸福道路。

人類的共同處境

但是獨特性並不是譁眾取寵，也不是刻意標新立異，任何一個人在規劃自己的獨特人生理想之前，必須考慮兩項元素：一個是人類的共同命運和處境，另一個則是如何對待他人。如果一個人對人類的基本處境缺乏瞭解，往往會把幻想當成理想；如果錯誤地對待他人，則會使自己陷入孤立無援，切斷幸福的活水源頭。我們先談人類的共同命運和處境。

如果深一層思考人類存在的處境，可能會讓人有點沮喪，生命其實是渺小卑微的。也許人類的科學知識日新月異，對大自然掌握的能力勝於往昔，但是目前人類文明的成就，如果和廣袤奧祕的宇宙相較，根本就微不足道，不要說人類的科學能力無法阻止木星和彗星相撞，就連地球上常常遭受颱風、地震的侵襲，科學家除了提醒人們防範之外，也是束手無策。對於大自然的奧妙，人類所窺測到的仍然是九牛一毛；至於和人切身相關的問題，如：靈魂是否存在？人死後是否有來生？人類對它們的理解幾千年來並沒有任何嶄新的進展。所以無論對於自然或人文知識的掌握，人們應該坦承不知道的比知道的多得太多。

當一個人心情不好的時候，看到牆腳一群正在忙碌搬運食物的螞蟻，他可能不假思索地就一腳踩了下去，許多無辜的螞蟻也因此而喪生。在這些螞蟻的世界中，也許牠們正在為找到豐富的糧食而欣喜若狂，但是怎麼也沒想到人們的一點點憤怒，就足以徹底毀滅牠們所有的期待和夢想；其實牠們在努力工作的時候，也許完全沒有意識到自己周遭處處充滿了危機，情緒變化無常的人類隨時可以決定牠們的死活。

事實上螞蟻的處境和人類現實的處境在本質上並沒有多大的差別，人其實也是生長在一個充滿敵意的宇宙，一場豪雨可以使美好家園成為水鄉澤國；一個強烈地震可以使堅固的高樓崩塌、橋梁斷裂；一陣龍捲風可以使一個城鎮在片刻之間夷為平地；甚至於一次小小的偶然(如：鴿子不小心飛進飛行中的飛機引擎)都可能使數百人喪命；南亞海嘯奪走了數十萬條人命。面對不可預期的大自然的種種變化，人的生命其實和螞蟻一樣脆弱。

最令人感到沮喪的是，主宰人類生存處境的無名造化，似乎對人類所做的所有努力絲毫無動於衷，當它要奪走一條生命的時候，完全不考慮這個生命是否正直、善良、值得尊敬；就像我們隨手弄死一些螞蟻，根本不會在意這些螞蟻在牠們的世界中是好螞蟻還是壞螞蟻。因此就這一層意義而言，人類社會中目前所揭櫫的理想，不論個人、政黨或國家汲汲營營追求的目標，似乎變得十分荒謬可笑，一個人無論立下多少豐功偉業，到頭來仍然是黃土一坏，轉眼間煙消雲滅，「是非成敗轉頭空，青山依舊在，幾度夕陽紅」，潮起潮落、一代人生一代人死，這實在就是人類現實處境的最佳寫照。

儘管每一個時代都會有可歌可泣、感人肺腑的故事，也會有掀天動地之能的風雲人物，可是這一切人世的高潮，和亙古的宇宙流衍相對，就有如萬頃波濤中的一點漣漪，根本毫無意義。

生命可以期待什麼？

如果從宇宙的觀點，無論人們如何自我肯定，似乎也無法改變人類生存的渺小和無奈，一個人即使受到萬民推崇和尊敬，他仍然是一個有限的存在，仍然必須經歷生老病死的過程、承受人世間悲歡離合的折磨和苦難。就這層意義而言，醉生夢死過一輩子和兢兢業業過一生又有何差別？英雄豪傑和盜賊宵小之間的差異又有何實質的意義？如果人類的現實處境確實是如此的渺小無奈，人類所有的理想豈不是自我欺騙？人世的一切努力豈不是毫無意義？而生命的存在又有何價值可言？

認清人類的命運並不會使理想和幸福生活成為幻影，反而可以使人架構一個合理、適度的美好人生藍圖，而不會將自己的理想設定成一個永遠不可能達成的烏托邦。換句話說，承認人的有限性，可以使人適當地為自己的生存找到合理的定點，也會使人在尋找生命意義時有一個比較合理的期待。譬如：情人之間告訴對方說：「我要摘下天上的月亮送給妳。」這就是幻想，不是真正可以期待的；身高只有一百五十公分的人，不能期待自己可以像美國籃球明星喬丹一樣灌籃；邏輯推理能力很差的人，不能期待將來成為傑出的數理邏輯專家；我們甚至也不應該期待自己能長命百歲，雖然那是常用的一句祝福話，因為在實際人生中，年輕人不一定比老年人晚死、誰也不知道自己搭上的飛機會不會出事；我們更不能期待事事平安如意，因為人生不可能如此順遂；我們也不能期待只要耕耘就一定會有收穫，要如何耕耘、花多少時間耕耘也許可以操之在己，但是一個天災和意外，可能毀了一切的辛勞，所以為了結果而患得患失也是不切實際。

總之，所有超過人力所能及的期待，都是幻想而不是理想，這其實就是儒家所謂「知天命」的道理，儒家的「知命」不是宿命論的說法，「命」就是人力所不能及的部分，不只天災是人力所不能及，我們也沒有能力決定生父生母是誰、智商多高、生為中國人還是美國人。對於這些無法自我決定的東西，每一個人在規劃自己人生方向時，必須先「認了」，只有在這個基礎上建立的目標，才不會變成只是空想。

人生在世可以追求的是什麼?其實不論一個人活多久，由於每一個人都是有情有感的個體，這樣的個體不論有無來生，在這個可知可感的生命過程中，無時無刻不在感受喜悅、承載憂苦。人們可以期待的是：盡量讓活著的每一天都充滿意義、滿懷欣喜，盡可能遠離杞人憂天似的悲苦愁煩。相信一個能實現這個期待的人，就是擁有一個相當幸福的人生。那我們如何才能達成這個目標?

關懷他人：正義感

「名利雙收」幾乎是所有人想到「幸福」時最鮮明的圖像，「名」會讓人感到驕傲感和重要性，而「利」則可以使人有能力購買所有自己想要的東西，所以能夠名利雙收當然就是最幸福的人。這個想法極為普遍，但並不正確。雖然自我追求是幸福的必要元素，但是任何一個有意義的生命計畫，絕對不是自我中心、自私自利的，能讓人感到最大喜悅的，常常是來自和他人的互動。人其實最需要的是人，人需要人的關懷、幫助和肯定。我們無法改變人類生命渺小無奈的本質，但是人類彼此的相互關懷，可以給人帶來意想不到的喜悅，沖淡生命的哀愁。所以適當的人際關係(重視道德)，是構成幸福不可或缺的一環。

中世紀一位很有名的神學家奧古斯丁(Saint Augustine, 354-430)說過：「那些幸福的人，應該也是善良的。」即使是邪惡的人也想要過幸福生活，所以並不是想過幸福生活就能幸福。奧古斯丁認為，幸福的人都是因為他們發願要依據道德而過活，所以才得到幸福。因此對奧古斯丁而言，壞人不可能得到幸福，也不值得享有幸福。奧古斯丁的想法和亞里斯多德主張「道德是幸福的必要條件」，遙相呼應。

給予他人道德關懷有助於個人幸福的實現，這可以分為消極和積極貢獻。所謂道德對幸福的消極貢獻就是當一個人發揮關懷弱勢的正義感，可以創造一個有利於個人追求幸福的環境，因為關懷弱勢，可以使社會成員之間形成一種相互關懷的關係，這樣的社會一定是和諧穩定的，而在其中的個人才能安心地追求自己的幸福。所謂積極的貢獻則是：對別人付出關懷和愛本身，就是個人幸福最重要的來源。

很多人也許認為，我只要把自己及家人照顧好，就會是幸福美滿的人生，何必在乎社會是否正義？弱勢者是否可以得到照顧？但事實上生活在同一個社會的每一個人，某種程度是分享彼此的命運，當社會的殺人綁票等犯罪案件層出不窮時，誰不會成為殺人綁票者的對象呢？而不正義的社會，就是一個人與人之間充滿敵意的社會。你可以不關心社會是否正義，但是活在一個不正義的社會，你受到他人侵犯的機率一定會增加。

《正義論》的作者羅爾斯指出，所謂「社會」就是指自由平等公民之間的一個公平合作體系，一個合乎正義的社會，成員之間的關係是一種公平合作的關係。所謂「合作」就是合則兩利；也就是說正義社會中的每一個人，都可以在這個社會的政治、經濟、社會等機制的運作下，得到利益及美好的前景。在這樣的社會中，每一個人只要遵守社會的「遊戲規則」（譬如：法律），他的未來就會充滿希望。相反的，如果一個社會運作的結果，造成貧富懸殊加劇、弱者受到不公平對待，表示這個社會的制度和規則並不是對每一個成員都是有利的，換句話說，社會成員之間並不是公平合作的關係，這樣的社會就是不符合社會正義。

一個缺乏公平正義的社會，表示有些人如果遵守社會現有的制度規範，他們的處境和前景會越來越黯淡，在這種情況下，他們違反社會規範的欲望一定會增強。所以當社會的犯罪率升高，顯示的是社會成員不願意再遵從社會所規定的遊戲規則，因為如果他們按照現有的規則繼續玩下去，生活會越來越沒有希望。一旦越來越多的成員偏離現有的規定，一定會危及社會的和諧和穩定，而生存於其中的其他成員，不論物質生活多麼舒適，在精神上絕對不可能心安，因為在這樣的社會，沒有人能保證自己不會成為他人侵犯的對象。

所謂「不平則鳴」、「不患寡而患不均」，一個貧富不均、公義不彰的社會，貧者或弱者很容易對富者或強者產生怨恨和不滿，當一個社會籠罩在這種仇恨的氣氛中，對任何人的幸福絕對是不利的。因此如果強者、富者能體認到同舟一命的精神，發揮正義感，主動照顧弱者、貧者，一定可以減少貧富和強弱之間的對立和緊張關係。所以正義感可以改善社會成員之間的關係，促進成員之間的合作互利，共創一個穩定的社會。

如果用中國人「緣分」的說法，我們能生活在同一個時代、同一塊土地，已經是千萬個偶然造成，而能夠進一步彼此認識則是極大的機緣。仔細想想看，現在台灣有兩千三百萬人和你活在同一個時空，這中間有百分之九十九的人你一輩子連打個招呼的緣分都沒有，有些人一輩子唯一接觸的機會可能只是擦身而過。所以我常和學生打趣說，如果下次你(妳)在街上看到一個人，看起來很順眼，記得要多看她(他)一眼，因為那可能是你(妳)這輩子看她(他)的最後一眼。

俗話說：「十年修得同船渡。」人生的機緣就是這麼渺小，所以中國人強調「惜緣」就是這個道理。但是如果社會上有人覺得自己照現在這樣活下去沒有希望，也認為社會現實冷漠、人們都是自私自利的，所以沒有人會在乎他的死活，因此他對社會充滿了敵意，也許你和他唯一接觸的機緣，就是他發洩對社會不滿的子彈，穿過你堅實的胸膛。因此我們能生長在同一塊土地、同一個時代，已經是難得的緣分，實在不應該互相傷害，而是應該患難相扶持。

關心他人就是減少社會成員彼此仇恨的方法，尤其關懷弱勢團體和處境不堪的人。每當我從報紙或電視看到有人因為生活困頓而自殺時，心中都有無限的感慨，我們的社會有人可以日擲千金，卻有人三餐不繼。從某個角度來看，這些因吃不飽飯而結束自己寶貴生命的人，算是很有良心，與其自殺，他也可以去從事綁票勒索，反正都是一死，後者還可能多出一線生機呢！

所以關懷他人可以幫助社會趨近正義，這是社會和諧穩定的充分條件，而社會穩定則是個人追求幸福的先決條件。因此從這個角度來看，關懷他人對個人幸福具有消極的貢獻。

關懷他人：愛

當代美國著名的教育學者納丁（Nel Noddings）認為，分享他人的苦難，有助於我們作為一個人的自我實現，真正的幸福需要具有一種能力：能和他人分享不幸；一個能主動去減輕周遭人痛苦的人，才可能得到真正的幸福。換句話說，一個具有「愛」的能力的人，本身就是幸福的。

有一年政大廣電系學生受政府委託製作一個公益廣告，主旨是規勸青少年不要自殺。為了替這個廣告製作尋找靈感，他們跑來找我聊天，想聽聽我對人生意義的看法。大部分人認為青少年自殺事件增加，是因為現代社會的父母都要上班，孩子缺乏愛，想不開的時候乏人適時疏導，所以才會造成悲劇。但是我認為這個想法是錯誤的，我告訴這些學生，青少年如果是因為缺乏愛而自殺，那我們小時候都自殺光了。在我們那個年代，大部分家庭都是子女眾多，父母為了生計也很忙碌，平均每一個小孩分到父母照顧的時間，絕對沒有現在的小孩多，但是我們那時候青少年的自殺率很低，可見「缺少愛」並不是青少年輕生的根本原因。

其實青少年的問題不是「愛太少」，而是「愛太多」。現在的父母在過去窮困的年代，普遍都吃過苦，等到自己為人父母，由於經濟改善、子女人數減少，在中國傳統「再苦也不能苦孩子」的觀念下，幾乎毫不保留地滿足子女的要求，子女只要開口，幾乎是「要什麼、給什麼」，於是養成這一代青少年「得到是理所當然」的觀念。因此這一代年輕人比較不懂得感恩，其實是被父母寵壞了，所以他們得到的愛其實是過多而不是太少。

那為什麼得到那麼多的愛卻會輕生？理由是：「要什麼、有什麼」、「得到是應該的」的想法，會使孩子不習慣「挫折」或「得不到」。一個長期處在順境中的人，一旦稍有挫折，幾乎完全欠缺忍受能力。就像一個天天打籃球的人，碰撞、摔跤習以為常，跌倒很容易就可以爬起來；而從來沒有打過球的人，稍微被撞一下，就會痠痛好幾天。同樣的道理，一個承受父母太多照顧的孩子，一個小小的失敗，就是一個重重的打擊，這就是為什麼很多青少年自殺的理由，何以令人不可思議的原因。住中壢的建中學生自殺的理由，只是段考不理想、不想去補習；還有更多青少年自殺，是因為找不到理由活下去。

古人說：「螻蟻尚且偷生。」為什麼青少年會這麼輕視自己的生命？我認為關鍵在於：他們習慣於「得到」而不懂得「付出」；他們的心中只想到「自己」，很少想到「別人」。一個太在乎自己的人，不但生命變得狹隘，而且也比較不容易快樂，其實懂得付出的人最容易得到快樂。

我告訴來訪的廣電系學生，我們應該改變對待青少年的方式，不要再給他們一大堆的關懷和照顧、不必無微不至地照顧他們，而是想辦法讓他們體會對別人付出的樂趣。譬如：帶他們去參觀孤兒院、殘障之家，讓他們親身體會一下同年齡的其他孩子是這樣在過日子，順便機會教育告訴他們，「父母健在、四肢健全」就應該感恩。因為現在父母健在，下一刻不一定；現在四肢健全，下一刻也不一定。如果再讓這些青少年為那些不幸的孩子服務一下，許多事情對身心健全的青少年而言，只是舉手之勞，可是當受到服務者洋溢著感激的眼神時，提供服務者會忽然體悟到：「原來我活著很有用！」我認為，所謂「自我肯定」，其實是從「原來我對別人是有用的」這樣的自覺中產生。

一個懂得付出的人，生命會比較積極，也比較容易解除死亡的苦惱，因為對需要被關懷的人適時伸出援手，會讓自己覺得活著是有意義的。當一個人在生存的每一天都覺得活著很有意義時，死亡的問題就變得不重要。

如前所述，經濟越富裕、社會越進步的國家，人民自殺的比率越高，為什麼？我認為這和前面的道理是一致的，這樣的社會一切都非常完美，活在這裡的人會產生無意義感。人生似乎是矛盾的，每一個人都希望活得快樂、幸福、有意義，但是卻只有付出愛心、分享苦難時，人才最能感受到生命的價值和意義。所以如果這個社會已經變成人間天堂，相信大多數人都會覺得日子很無聊吧！而「無聊」確實是人類最難熬的疾病，也是當代青少年最大的苦悶來源。

其實我們不用擔心世界會變成人間天堂，因為永遠有許多人走錯幸福的路，以為自私自利、損人利己才是幸福，所以社會上永遠存在許多的苦痛。我們永遠有機會分享別人的痛苦，只要有心，我們隨時可以找到機會減輕他人的災難、撫慰別人的憂傷。並不是萬眾矚目的英雄或家喻戶曉的聞人，人生才有意義，其實為別人小小的分憂解勞，雖然只是舉手之勞，對正需要援助的人而言，可能是一個莫大的感恩，而自己也會因此而感受到生命的光彩和意義。

心中常懷悲憫，其實就是人與動物最大的差別。人生雖然短暫，每一條生命從童稚到成熟，都承載了無數的關心和愛意。當一個人有能力認知生存的種種極限和困境時，就有能力體會到：存在的價值不是等待或接受他人的關懷，而是付出自己的愛和關懷；不是等待喜悅，而是給人喜悅，才是幸福。

幸福其實很容易，它不需要特殊的工具、不需要很多錢、不需要很有地位，它只需要一顆善良的心。所以有道德的人，才可能找到幸福。

給別人快樂，就是給自己幸福

民國八十六年我曾經應邀寫過一篇文章，題目是〈給別人快樂，就是給自己幸福〉，內容如下：

在台大教書將近十年，還記得初為人師時的振奮，理想主義的熱情使我對教育充滿了無限的期待。幾年下來，雖然對人世依然滿懷理想，但是卻逐漸缺乏對學生的一份熱忱。

其實使我產生教學挫折感的主因，是來自於學生的冷淡。我認為自己是一個教學認真、思路清晰、表達能力強的老師，但是面對台大學生，似乎不論自己教學多麼投入、賣力，也很少得到學生的鼓勵，台大學生好像不太在乎老師的好壞，只在乎分數給得是否「營養」。

有時候我會讓學生知道自己的失望，我告訴他們，當初從未想過留在美國的原因之一，就是因為在美國當助教時，曾經實際教過四年書，覺得美國大學的師生關係缺乏「人味」，大學彷彿只是另一個「菜市場」，學生買「分數」，老師賣「分數」，「銀貨兩訖」後就各自拍拍屁股走路。我討厭這種交易式的教育，認為師生不應該只是「分數關係」，應該分享生命的經驗、交換人生的理想。台大的教學經驗，令我有點「回到從前」的感慨。

幾乎想到大學教書的人，都帶有點理想主義的傻勁，他們所期待的，不是世俗的名利，而是來自學生由衷的肯定。其實學生只要偶爾表示一下感激，一句真心的「謝謝」或「老師你教得很好」，就是對老師的肯定，這份肯定不但會讓老師感到欣慰，也是老師保持熱情和理想的活水源泉。

沒有人不希望自己的努力能受到他人的肯定，因為越多人肯定，會越增加自己的信心，使自己肯定過去的努力是正確的。大多數的台大學生都充滿自我優越感，吝於給別人一點掌聲，好像讚美別人是貶抑自己；其實肯定別人就是給人喜悅，而給人喜悅也會為自己帶來喜悅，因為一個常常樂於肯定別人的人，也一定比較容易得到別人的肯定。

每一個人都期待自己的人生幸福美滿，可是大多數人都以為得到越多就越幸福，所以「爭名逐利」成為人類生命活動最普遍的目標，結果是：人生不如意者十常八九。其實真正幸福的處方不是「滿足自己」，而是「使別人滿足」，如果一個人所追求的「如意」是「如別人的意」，而不是「如自己意」，相信他的人生一定是「如意者十常八九」。

以台灣社會為例，「經濟奇蹟」後誕生的「新新人類」，幾乎是要什麼有什麼，卻充滿了無聊、無力感，使他們必須以標新立異的方式引人注目，飆車就是一個最佳例證。而無聊和無力感的根源，其實是因為父母的過度呵護，從來不讓他們不如意，使他們從小只知道「獲得」，而不知道「付出」；只等待別人的愛，而不知道付出關懷。

前人多少生命的智慧早就給予我們一個千古不易的訊息：只享受別人付出的人，不懂得感激，而不懂得感激的人，永遠無法體會生命之美。給別人快樂，就是給自己幸福。

十年後重讀這篇文章，發現自己的基本觀念幾乎沒有改變。值得欣慰的是，上課的學生們在態度上和以前不一樣了，有些時候我會在課程結束時，獲得全班同學意外的掌聲。雖然我關心社會，投入一些時間在公共事務上，但是在台大任教將近二十年，我從來沒有缺過一堂課，上課也不遲到早退，應該是這份認真、敬業、對理想執著的態度說服了學生。因此從我的學理和經驗可以得到一個肯定的結論：品德不但是幸福的一個要素，更值得重視的是，它具有感人的力量！

AQUARIUS

寶瓶文化叢書目錄

寶瓶文化事業有限公司
地址：台北市110信義區基隆路一段180號8樓
電話：(02) 27463955
傳真：(02) 27495072 劃撥帳號：19446403
※如需掛號請另加郵資40元

Vision
給你新的視野，也給你成功的典範

系列 書號	書名	作者	定價
V001	向前走吧	羅文嘉	NT$250
V002	要贏趁現在——總經理這麼說	邱義城	NT$250
V003	逆風飛舞	湯秀璸	NT$260
V004	失業英雄	楊基寬．顧蘊祥	NT$250
V005	19歲的總經理	邱維濤	NT$240
V006	連鎖好創業	邱義城	NT$250
V007	打進紐約上流社會的女強人	陳文敏	NT$250
V008	御風而上——嚴長壽談視野與溝通	嚴長壽	NT$260
V009	台灣之新——三個新世代的模範生	鄭運鵬、潘恆旭、王莉茗	NT$220
V010	18個酷博士@史丹佛	劉威麟、李思萱	NT$240
V011	舞動新天地——唐雅君的健身王國	唐雅君	NT$250
V012	兩岸執法先鋒——大膽西進，小心法律	沈恆德、符霜葉律師	NT$240
V013	愛情登陸計畫——兩岸婚姻A-Z	沈恆德、符霜葉律師	NT$240
V014	最後的江湖道義	洪志鵬	NT$250
V015	老虎學——賴正鎰的強者商道	賴正鎰	NT$280
V016	黑髮退休賺錢祕方——讓你年輕退休超有錢	劉憶如	NT$210
V017	不一樣的父親，A+的孩子	譚德玉	NT$260
V018	超越或失控——一個精神科醫師的管理心法	陳國華	NT$220
V019	科技老爸，野蠻兒子	洪志鵬	NT$220
V020	開店智慧王	李文龍	NT$240
V021	看見自己的天才	盧蘇偉	NT$250
V022	沒有圍牆的學校	李崇建．甘耀明	NT$230
V023	收刀入鞘	呂代豪	NT$280
V024	創業智慧王	李文龍	NT$250
V025	賞識自己	盧蘇偉	NT$240
V026	美麗新視界	陳芸英	NT$250
V027	向有光的地方行去	蘇盈貴	NT$250
V028	轉身——蘇盈貴的律法柔情	蘇盈貴	NT$230
V029	老鼠起舞，大象當心	洪志鵬	NT$250
V030	別學北極熊——創業達人的7個特質和5個觀念	劉威麟	NT$250
V031	明日行銷——左腦攻打右腦2	吳心怡	NT$250
V032	十一號談話室——沒有孩子「該」聽話	盧蘇偉	NT$260
V033	菩曼仁波切——台灣第一位轉世活佛	林建成	NT$260
V034	小牌K大牌	黃永猛	NT$250
V035	1次開店就成功	李文龍	NT$250
V036	不只要優秀——教養與愛的27堂課	盧蘇偉	NT$260
V037	奔向那斯達克——中國簡訊第一人楊鐳的Roadshow全記錄	康橋	NT$240
V038	七千萬的工作	楊基寬	NT$200
V039	滾回火星去——解決令你抓狂的23種同事	派崔克．布瓦＆傑羅姆．赫塞 林雅芬譯	NT$220
V040	行銷的真謊言與假真相——吳心怡觀點	吳心怡	NT$240
V041	內山阿嬤	劉賢妹	NT$240
V042	背著老闆的深夜MSN對談	洪志鵬	NT$250
V043	LEAP！多思特的不凡冒險 ——一段關於轉變、挑戰與夢想的旅程	喬那森．柯里翰 余國芳譯	NT$230

系列	書號	書名	作者	定價
Vision 給你新的視野，也給你成功的典範	V044	陪你去環島——一個父親送給兒子的畢業禮物	盧蘇士．盧蘇偉	NT$240
	V045	主播遇見CEO	蕭裔芬	NT$250
	V046	看見孩子的叛逆	盧蘇偉	NT$240
	V047	捧著企管書的豬老闆	坎尼斯．塔克＆凡達娜．歐曼 胡引玉譯	NT$200
	V048	移動的學校——體制外的學習天空	李崇建著	NT$280
	V049	老店翻新大作戰	好鄰居文教基金會著	NT$240
	V050	盲鬥士——柯燕姬傳奇	陳芸英	NT$250
	V051	看見男人——搞定你的老公與兒子	盧蘇偉	NT$250
	V052	一個癌症媽咪給兒子的遺書	夏學曼	NT$250
	V053	鮮活人生——小故事，妙管理	李錫津	NT$260
	V054	搶先佈局十年後——2017華人未來地圖	劉威麟	NT$250
	V055	這就是我的堅持——楊基寬與104傳奇	楊基寬．顧蘊祥	NT$250
	V056	愛會傷人——寫給父母的內心話	盧蘇偉	NT$260
	V057	囚室之春	施明德	NT$360
	V058	盲眼媽媽一顆心	薛以柔	NT$240
	V059	飛行少年——一輪千里環台挑戰	盧蘇偉．莊忠勳	NT$290
	V060	道德——幸福的必要條件	林火旺	NT$280

國家圖書館預行編目資料

道德——幸福的必要條件／林火旺著 -- 初版. -- 臺北市:
寶瓶文化, 2006 [民95]
面； 公分. --(vision ; 60)

ISBN 978-986-7282-73-6(平裝)
1. 道德 2. 生活指導 3. 修身
192 95021794

vision 060

道德——幸福的必要條件

作者／林火旺

發行人／張寶琴
社長兼總編輯／朱亞君
主編／張純玲
編輯／夏君佩
外文主編／簡伊玲
美術設計／林慧雯
校對／夏君佩・陳佩伶・余素維
業務經理／李婉婷
企劃專員／林歆婕
財務主任／歐素琪 業務專員／林裕翔
出版者／寶瓶文化事業股份有限公司
地址／台北市110信義區基隆路一段180號8樓
電話／(02) 27494988 傳真／(02) 27495072
郵政劃撥／19446403 寶瓶文化事業股份有限公司
印刷廠／世和印製企業有限公司
總經銷／大和書報圖書股份有限公司 電話／(02)89902588
地址／新北市五股工業區五工五路2號 傳真／(02)22997900
E-mail／aquarius@udngroup.com

法律顧問／理律法律事務所陳長文律師、蔣大中律師
如有破損或裝訂錯誤，請寄回本公司更換
著作完成日期／二〇〇六年九月
初版一刷日期／二〇〇六年十一月二十七日
初版二十二刷日期／二〇一六年十月六日
ISBN：978-986-7282-73-6
定價／二八〇元

愛書人卡

感謝您熱心的為我們填寫，
對您的意見，我們會認真的加以參考，
希望寶瓶文化推出的每一本書，都能得到您的肯定與永遠的支持。

系列：Vision060　**書名：道德——幸福的必要條件**

1. 姓名：＿＿＿＿＿＿＿＿　性別：□男　□女

2. 生日：＿＿年＿＿月＿＿日

3. 教育程度：□大學以上　□大學　□專科　□高中、高職　□高中職以下

4. 職業：＿＿＿＿＿＿＿＿

5. 聯絡地址：＿＿＿＿＿＿＿＿＿＿＿＿＿＿＿＿

   聯絡電話：＿＿＿＿＿＿＿＿　手機：＿＿＿＿＿＿＿＿

6. E-mail信箱：＿＿＿＿＿＿＿＿＿＿＿＿

   □同意　□不同意　免費獲得寶瓶文化叢書訊息

7. 購買日期：＿＿ 年 ＿＿ 月 ＿＿日

8. 您得知本書的管道：□報紙／雜誌　□電視／電台　□親友介紹　□逛書店　□網路

   □傳單／海報　□廣告　□其他

9. 您在哪裡買到本書：□書店，店名＿＿＿＿＿＿　□劃撥　□現場活動　□贈書

   □網路購書，網站名稱：＿＿＿＿＿＿＿＿　□其他＿＿＿＿＿＿

10. 對本書的建議：（請填代號　1.滿意　2.尚可　3.再改進，請提供意見）

    內容：＿＿＿＿＿＿＿＿＿＿

    封面：＿＿＿＿＿＿＿＿＿＿

    編排：＿＿＿＿＿＿＿＿＿＿

    其他：＿＿＿＿＿＿＿＿＿＿

    綜合意見：＿＿＿＿＿＿＿＿＿＿＿＿＿＿＿＿＿＿

11. 希望我們未來出版哪一類的書籍：＿＿＿＿＿＿＿＿＿＿＿＿

讓文字與書寫的聲音大鳴大放

寶瓶文化事業股份有限公司

（請沿此虛線剪下）

廣　告　回　函
北區郵政管理局登記
證北台字15345號
免貼郵票

寶瓶文化事業股份有限公司　收

110台北市信義區基隆路一段180號8樓

8F,180 KEELUNG RD.,SEC.1,

TAIPEI.(110)TAIWAN R.O.C.

（請沿虛線對折後寄回，謝謝）